Prevention of Government Implicit Debt Risk:
Analysis of Difficulties in PPP Operation

政府隐性债务风险防范
——PPP操作难点解析

李贵修 著

全国百佳图书出版单位
——北京——

图书在版编目（CIP）数据

政府隐性债务风险防范：PPP 操作难点解析 / 李贵修著 . —北京：知识产权出版社，2023.9

ISBN 978 - 7 - 5130 - 8830 - 5

Ⅰ. ①政⋯ Ⅱ. ①李⋯ Ⅲ. ①地方财政—债务管理—风险管理—研究—中国 Ⅳ. ①F812.7

中国国家版本馆 CIP 数据核字（2023）第 135103 号

责任编辑：秦金萍		责任校对：谷　洋	
封面设计：杰意飞扬·张悦		责任印制：刘译文	

政府隐性债务风险防范——PPP 操作难点解析

李贵修　著

出版发行：知识产权出版社 有限责任公司		网　　址：http://www.ipph.cn	
社　　址：北京市海淀区气象路 50 号院		邮　　编：100081	
责编电话：010 - 82000860 转 8367		责编邮箱：1195021383@qq.com	
发行电话：010 - 82000860 转 8101/8102		发行传真：010 - 82000893/82005070/82000270	
印　　刷：天津嘉恒印务有限公司		经　　销：新华书店、各大网上书店及相关专业书店	
开　　本：720mm × 1000mm　1/16		印　　张：13.5	
版　　次：2023 年 9 月第 1 版		印　　次：2023 年 9 月第 1 次印刷	
字　　数：186 千字		定　　价：70.00 元	

ISBN 978 - 7 - 5130 - 8830 - 5

序　一

政府和社会资本合作（PPP）能有效促进社会资本投资，增加公共服务供给。但不可回避的是，在 PPP 项目，特别是政府付费 PPP 项目和可行性缺口补助项目中，政府支出责任与政府债务存在着天然的联系。即便是使用者付费项目，在特殊情况下，也可能存在需要政府救助的情形。PPP 项目的政府支出责任及政府救济责任，在操作不规范的情况下，很容易形成政府隐性债务。所以，政府和社会资本合作（PPP）规范运作的关键是如何有效防范政府隐性债务？这是 PPP 生命力之所在。

如何有效防范 PPP 项目中政府隐性债务风险？体现在 PPP 全生命周期的严格规范运作，在项目的识别、执行等各个具体的环节，必须规范运作，始终坚守不僭越政府债务红线。

《政府隐性债务风险防范——PPP 操作难点解析》一书是李贵修律师作为一名 PPP 法律工作者，在 PPP 相关政策研究、行业管理、项目实务中，针对规范操作、阳光运行、有效防范政府隐性债务风险的思考和理论成果，是其思想和智慧的结晶。

本书的最大特点就是全书汇集了作者近几年来的政策建议和应用研究文章。本书始终围绕国家政策的调整和社会的需要进行理论和应用研究，与洋洋洒洒的宏篇巨著相比，多少显得有些单薄，但是，其真实地反映了一名法律工作者的思考轨迹。

　　李贵修律师是财政部政府和社会资本合作（PPP）法律专家、中央财经大学政信研究院（PPP）中心副主任、中央财经大学政信研究院智库专家。近年来，其积极参与中央财经大学政信研究院的课题研究，多次参与政信研究院主持的中国PPP蓝皮书的编著工作，以及参与编写预算绩效管理教学与研究系列丛书《地方政府专项债券项目绩效管理：理论与实践》等，其严肃认真的学术态度和勤勉的作风被同行高度认可。

　　在本书付梓出版之际，欣然为其作序，望作者继续努力，为PPP事业做出更大的贡献。

中央财经大学校长

马海涛

2023 年 6 月 13 日

序　二

2022 年 4 月 26 日，习近平总书记在中央财经委员会第十一次会议上强调，"要推动政府和社会资本合作模式规范发展、阳光运行，引导社会资本参与市政设施投资运营"，为今后我国政府和社会资本合作（PPP）工作进行了总体定调并指明了方向。今后的 PPP 工作必将以规范促发展，有效防范地方政府债务风险则是 PPP 规范发展的核心和关键所在。最近，国家层面正在对 PPP 如何规范发展，特别是在 PPP 项目中如何有效防范政府债务风险进行深入调研，李贵修律师所撰写的《政府隐性债务风险防范——PPP 操作难点解析》的出版可谓恰逢其时。

作为一名 PPP 法律工作者，作者始终关注 PPP 的健康发展与治理问题，坚持 PPP 的应用和理论研究同国家的政策调整及社会需求相结合。本书是作者近几年来作为财政部政府和社会资本合作（PPP）法律专家在 PPP 如何有效防范政府隐性债务风险方面的研究成果。书中不少篇幅曾被《中国财经报》、《中国招标》、财政部官网、财政部 PPP 中心主办的公众号"道 PPP"以及其他知名网站等予以刊发、转载，产生了较大的影响，对规范、发展 PPP 起到了积极作用。

本书从 PPP 的创新发展、监督管控、融资管理、应用研究、争端机制等多个视角、多个具体问题、多个疑点难点出发，对如何防范 PPP 政府债务风险、如何规范操作 PPP 应用提出了理论分析，指出了解决的办法和路径，对作者分散的学术实务观点进行了梳理，使其关于 PPP 的一个个思考汇集成系统的思想体系。本书与知识产权出版社先期出版的《金融风险防范 PPP 法律难点解析》一起形成了作者从事 PPP 工作以来相对完整的理论和实务应用体系，将更加便利地服务社会、服务读者、服务作者喜爱的 PPP 事业，为推动 PPP 的规范发展，有效防范 PPP 应用中的地方政府债务风险做出自己的贡献。

2015 年，时任清华大学校长的陈吉宁同志曾说过："平庸与卓越之间的差别，不在于天赋，而在于长期的坚持、持续的投入。"李贵修律师没有在纷繁的法律事务中沉沦，而是始终用一片赤诚之心追逐学术的浪花和梦想的"星辰大海"，在学术的海洋中逐浪前行。作为李贵修律师在武汉大学法学院攻读硕士期间的指导老师，我为其始终如一的学术追求和又一理论成果的付梓出版感到由衷的欣慰和自豪，故在此欣然为其作序。希望作者能够不忘初心，砥砺前行，为中国的法治建设事业继续增砖添瓦！

武汉大学法学院教授

冯　果

2022 年 6 月于珞珈山

序 三

　　本书作者李贵修律师是上海市建纬（郑州）律师事务所的高级合伙人，是上海市建纬律师事务所全部分所1500多名律师中对PPP业务最有研究的实战型专业律师，在法律、财务、项目管理、宏观政策等诸方面都有研究。这既体现了PPP业务服务对多个专业的综合要求，也体现了作者知识体系的多维性，为建纬律师事务所在以法律服务为主线，多个专业综合服务改革方面带了个好头。李贵修律师《政府隐性债务风险防范——PPP操作难点解析》一书即将付梓出版，专门将书稿发给我征求意见。我认真翻阅了书稿内容，值此之际，借本书内容的几个特点与作者共勉。

　　一是本书内容理论与实务紧密结合，侧重实务和实际，对解决现实问题很有帮助。PPP的操作难点在于如何实现其与政府债务的充分隔离，本书以政府隐性债务风险防范中的PPP操作为主线，从PPP的创新发展、监督管控、融资管理、应用研究、争端机制等多方面展开深入研究，对防范PPP项目政府隐性债务风险具有重要的理论价值和实践指导意义。只有在PPP操作的每个具体环节严格按规范操作，才能有效防范PPP项目政府隐性债务风险。本书内容直指疑难问题的解决，能够帮助PPP实务工作者快速把握关键要点，突破瓶颈，解决问题。

　　二是本书内容始终围绕我国PPP发展规范的政策调整、社会的实际需求展开理论和实务研究，全部内容均是作者对PPP的深入思考和实践总结，具有一定的独创性。

三是本书内容具有一定的前瞻性，可以帮助读者开拓视野，打开思路。PPP是一种创新提供公共服务的模式，它的发展，一方面需要紧密围绕PPP的根本目的，严守政策红线，另一方面还需要创新发展。没有创新，就不能适应不断发展的新形势的要求和满足复杂的公共服务供给需求。所以，PPP的研究需要具有一定的前瞻性。可喜的是，本书内容不但强调要严守规矩和政策红线，在PPP创新发展方面也提出了很好的思路。

四是本书内容通俗易懂，读者范围具有广泛性。适合理论工作者、行业管理者、实务操作者以及初学者等各个层面的读者学习使用。

最后，祝贺李贵修律师新书的出版，希望作者今后在PPP业务理论、实务研究和创新服务等方面再接再厉！为建纬律师事务所发展争光添彩！

朱树英

2023年6月13日于上海市建纬律师事务所

序　四

　　在当代社会，政府与社会资本合作（PPP）是一种重要的公共物品供给方式。英美等国从 20 世纪七八十年代新公共管理运动以后，开始进行较大规模地推行这一模式。我国从改革开放初期，就开始了 BOT 等 PPP模式的探索，但发展进程较为缓慢。2014 年以后，在财政部及国家发展和改革委员会等主管部门的推动下，我国 PPP 模式实现了快速的发展。PPP 项目数量最多时，曾达到在库项目 1 万多个，计划投资额达 20 万亿元人民币以上。2018 年以来，我国对 PPP 项目实施了一系列的清理整顿措施，有利于促进规范发展，实现行稳致远。目前，我国 PPP 模式正处于一个转折发展的关键时期，继续探索和研究 PPP 模式发展规律，管控风险，稳定发展，以扩大公共服务规模，提高公共服务质量和效率，是建设中国式现代化国家的重要内容，具有很强的现实意义和理论意义。从 PPP模式发展的实践来看，其优点就在于可充分利用公共部门和私人部门的各自优势，构建良好的管理机制，为居民和企业提供优质公共服务，提高服务效率，满足社会公共需要。与传统的公共物品供给方式相比，PPP 模式既有上述明显的优势，又有较大的风险，即参与主体众多，涉及环节较长，交易方式复杂。对此，需要有效管控 PPP 项目在甄别论证、政府采购、项目建设、项目运营、项目移交等各个环节的风险，维护公私双方利益，进而达到合作共赢的目的。

近年来，随着我国 PPP 模式实践的发展，该领域的学术研究呈现繁荣景象，已有大量学术论文和著作出版。李贵修律师是 PPP 领域的卓越实践者，现任上海市建纬（郑州）律师事务所高级合伙人，担任了诸多的社会职务，包括财政部政府和社会资本合作（PPP）法律专家、河南省财政厅 PPP 法律专家、中国商业法研究会理事、中央财经大学政信研究院（PPP）中心副主任等。他在开展 PPP 业务实践的同时，积极著书立说，并已经发表了不少学术论文，著有《金融风险防范 PPP 法律难点解析》，参与编著《政府和社会资本合作（PPP）术语手册》、中国 PPP 蓝皮书等系列著作。在上述学术积累的基础上，这本《政府隐性债务风险防范——PPP 操作难点解析》著作具有以下特点。

第一，密切结合实际，开拓创新。该书密切结合我国 PPP 模式发展面临的实际问题，论述了这些难题的破解之道。在该书中，作者论述了我国 PPP 模式在发展中出现的项目储备、物有所值论证、财政承受能力论证、项目融资、政府采购、项目的执行及争端解决等问题。这些问题都是影响我国 PPP 项目发展的现实问题，亟待解决。作者通过深入调查研究，提出了自己的独特见解，具有创新价值，有利于推动上述问题的解决，促进学术探索的发展。

第二，坚持系统思维，推进全生命周期研究。本书包括创新发展篇、监督管控篇、融资管理篇、应用研究篇、争端机制篇，涵盖 PPP 项目的甄别论证、项目准备、项目采购、项目建设、项目运营等全生命周期的各个环节、各个方面，具有系统研究思维的特征，能够从 PPP 项目发展的全局出发，研究每一个具体问题，避免就事论事，使研究的结论更具有实用价值，能够满足 PPP 项目管理的实际需要。

第三，重视基础理论探索，提高研究质量。PPP 项目研究涉及经济学、管理学、法学以及工程技术管理等学科，具有鲜明的跨学科研究特点。本书论述了 PPP 合同的性质及纠纷处理、《中华人民共和国政府采购法》、《中华人民共和国预算法》及有关会计准则对 PPP 项目的影响等问题。这些问题的研究，有利于加强 PPP 模式基础理论的研究，从更高层次上探索 PPP 模式发展规律，提高研究成果的质量。

我和李贵修律师因 PPP 业务相识、相知多年，敬佩李律师的探索精神和对 PPP 模式的真知灼见，也非常乐意为本书作序。因此，我相信该书的出版发行，将不仅有利于推动 PPP 模式学术研究的繁荣，促进我国 PPP 项目规范发展，切实解决现实存在的具体问题，还能够为公私合作扩大公共服务规模、提高公共服务质量和效益、建设中国式现代化国家做出应有的贡献。

温来成

中央财经大学中财－安融地方财政投融资研究所

2023 年 6 月 18 日于北京

前　言

地方政府债务是指地方政府负有直接清偿责任，或者虽没有直接清偿责任，但基于政府对公共管理的需求应当予以清偿或者救济的债务。根据分类标准的不同，地方政府债务有多种类型，按表现形式可以分为显性债务和隐性债务。显性债务是指地方政府通过发行债券等在债务会计主体上直接反映的政府债务，也称系统内债务；隐性债务是指在政府会计主体上没有反映，但政府负有清偿义务或救济义务，需要用公共财力来予以清偿的债务。从债务的性质上划分，地方政府债务又可分为合法债务和非法债务。2014 年《国务院关于加强地方政府性债务管理的意见》（国发〔2014〕43 号）的出台，特别是 2014 年修正《预算法》时，规定地方政府通过省级财政部门发行地方政府债券，是其唯一的举债通道。所以，地方政府债券是地方政府唯一合法的债务，其他都是不合法债务。

地方政府隐性债务的形成原因是多方面的，形式是多样的，如地方政府通过融资平台举债、通过 BT 模式项目举债、通过违规的政府购买服务模式举债、通过政府性基金举债、通过政府和社会资本合作（PPP）模式举债等。地方政府隐性负债会引发金融风险，影响国家经济安全。所以，对地方政府隐性负债必须采取零容忍的态度，严格治理。在 2017 年 7 月召开的全国金融工作会议上，习近平总书记指出："各级地方党委和政府要树立正确政绩观，严控控制地方政府债务增量，终身问责，倒查责任。"[①] 2017 年 7 月 24 日召开的政治局会议提出，要积极稳妥化解累积的地方政府债务风险，有效规范地方政府举债融资，坚决遏制隐性债务增量。[②] 所以，深入研究防范地方政府债务风险，是一个重要的命题。

政府和社会资本合作（PPP）可以有效地促进社会资本投资，提高公共服务增量。但是，PPP 与政府投资密切相关，若操作不当，很容易转化为政府隐性债务。

2022 年 4 月，中央财经委员会第十一次会议强调，要推动政府和社会资本合作模式规范发展、阳光运行，引导社会资本参与市政设施投资运营，[③] 对政府和社会资本合作（PPP）模式提出了明确的原则和任务要求。笔者认为，决定 PPP 是否规范发展、阳光运行的关键在于实现 PPP 项目与政府债务有效的隔离。能够和政府债务有效隔离的 PPP 是真 PPP，否则就是伪 PPP。所以，规范 PPP 运作一定要以防范政府债务风险为核心要点。

本书以政府和社会资本合作（PPP）的规范运行，防范政府债务风险为主线，收录了作者近几年来在 PPP 理论研究、实务操作、政策建议等方面的文章 50 余篇，具体分为创新发展篇、监督管控篇、融资管理篇、应用研究篇、争议机制篇等五部分。这些文章是作者对近几年我国 PPP 发展过程中诸多重要问题的深入思考和经验总结，对规范 PPP 操作运行，防止 PPP 模式产生隐性债务风险具有一定的参考价值。当然，由于作者

---

① 《全国人大常委会认真贯彻党中央决策部署切实推动地方人大加强对政府债务的审查监督》，载新华每日电讯，http://www.xinhuanet.com/mrdx/2021-07/24/c_1310082420.htm，2023 年 6 月 10 日访问。

② 《积极稳妥化解地方政府债务风险》，载中国金融新闻网，https://www.financialnews.com.cn/pl/cj/201708/t20170803_122089.html，2023 年 6 月 10 日访问。

③ 曾金华：《今年以来开工项目投资额同比上升 213.3%——PPP 规范运行效果凸显》，载《经济日报》2022 年 6 月 24 日，第 7 版。

的认知能力和水平有限，书中可能会出现这样那样的问题，希望各位读者批评指正。

　　在此特别需要感谢，我的恩师即武汉大学法学院院长冯果教授，在百忙之中为本书指导并亲笔撰写了序言，这对我是莫大的鞭策和鼓舞。还有中央财经大学校长马海涛教授，近几年来一直带领我们进行课题研究，还亲笔为本书作序助力。另外，中央财经大学温来成教授、上海市建纬律师事务所主任朱树英律师，均热情为本书进行指导，并作序助力，在此一并表示感谢！

李贵修

2023 年 6 月 9 日

CONTENTS / **目录**

01
PART

创新发展篇

如何有效激发 PPP 模式活力，
助力基础设施投资和以县城
为重要载体的城镇化建设？

PPP 模式，即 Public-Private-Partnership 的字母缩写，通常称为公共政府部门与民营企业合作模式，是一种以各参与方的"双赢"或"多赢"为合作理念的现代融资模式。近年来，该模式越来越受到政府重视。

中央财经委员会第十一次会议于 2022 年 4 月 26 日召开。该会议强调，要推动政府和社会资本合作（PPP）模式规范发展、阳光运行，引导社会资本参与市政设施投资运营。之后，中共中央办公厅、国务院办公厅印发的《关于推进以县城为重要载体的城镇化建设的意见》（以下简称《意见》）也提出，要"引导社会资金参与县城建设，盘活国有存量优质资产，规范推广政府和社会资本合作模式"。

我国引入 PPP 模式可追溯至 20 世纪 80 年代。2014 年以后，在一系列政策的激励下，PPP 模式得到蓬勃发展，对支持地方政府基础设施建设和公共服务有效供给起到了重要作用。但是，由于 PPP 模式属于制度模式创新，也出现了诸如借 PPP 模式违规举债等问题。其后，国家针对 PPP 项目管理出台了相关规范措施，对新入库项目严格管理，对已入库项目进行整改。近年来，PPP 新入库项目数量明显减少，PPP 模式的应用一度进入相对沉寂期。

不可否认的是，PPP模式依然是一种具有诸多优点的融资建设模式，在基础设施建设领域中，其优点和作用尤其明显。如何贯彻落实有关文件精神，充分发挥PPP模式在全面加强基础设施建设和推进以县城为重要载体的城镇化建设中的重要作用，再次成为时下的热点议题。

笔者结合多年从事PPP研究和咨询实践的体会，对如何发挥PPP模式优势，推动PPP模式助力新时期基础设施建设和以县城为重要载体的城镇化建设，提出如下建议，供有关部门参考。

第一，优化顶层设计，缓解制度瓶颈制约。为落实会议精神和《意见》要求，需加强顶层设计，对全国PPP工作作出新的整体部署，研究出台具体行动方案，研究突破现有制约PPP发展的制度瓶颈。

那么，该如何突破现有制度发展瓶颈，加大PPP项目投资，有效增加新入库项目，促进PPP发展呢？笔者认为，要树立"实质重于形式"的理念，创新PPP使用者付费来源机制和PPP财政承受能力评价机制，扩大新增项目发展空间。各地在项目中产生的新吸收转移农村劳动力补贴、新增耕地补贴、特殊地域城镇建设中央上级转移支付、奖补资金等，可以作为使用者付费来源。上述收入不适合作为使用者付费来源的，可计入财政承受能力评价中地方政府财政新增收入，作为财政承受能力评价的依据。此外，通过项目提升改造节余的公共服务预算支出额度，也可作为预算收入计入增长额度，作为财政承受能力评价依据。

为了有针对性地指导PPP实践活动，要对实践中经常运用的PPP模式总结制定相应的操作规范，以便于审视、指导日常操作行为，规范管理。同时，对操作规范要不断进行总结完善，为PPP模式的规范发展、阳光运行提供技术和规则支持，助力PPP模式行稳致远。

第二，加强履约监管，提升社会资本投资信心。实践中，有很多县级PPP项目履约不及时、不到位，打击了PPP项目社会资本投资方的信心和积极性。针对这一现象，建议有关部门强化履约监督，采取有效措施督查、指导各地已实施 PPP 项目的履约情况，通过规范履约行为进一步提升社会资本方和金融机构投资 PPP 项目的信心，引导长期资金进入 PPP 市场。

第三，强化统筹协调，健全项目优胜劣汰机制。中央财经委员会第十一次会议强调，要统筹发展和安全，优化基础设施布局、结构、功能和发展模式。为此，新立项和申请入库 PPP 项目要站在全国、全省和地域持续性协调发展，以及保障国家安全的高度，进行总体统筹、协调安排，确保符合条件的项目优先立项和入库，不符合条件的项目不得立项和入库。

各地新立项和新入库项目审核要注意因地制宜、分类施策。《意见》提出，推进以县城为重要载体的城镇化建设工作，要充分坚持以人为核心，因地施策补短板，科学把握功能定位，分类引导县城发展方向，充分发挥市场在资源配置中的决定性作用，引导支持各类市场主体参与县城建设。新立项和入库项目要重点审核其与省政府批准的各地贯彻落实《意见》的方案要求的契合度，确保新立项和入库项目质量。

为实现 PPP 项目和其他项目共同发力，各地应积极建立 PPP 项目同其他重大项目的协调保障机制，强化用地、用海、用能等资源要素的协调和保障，制定相关制度措施，鼓励、引导、保障长期资金进入 PPP 投资领域。

第四，改进评审机制，完善项目物有所值评价指标。为保证新入库项目质量，建议将中央财经委员会第十一次会议强调的"要立足长远，强化基础设施发展对国土空间开发保护、生产力布局和国家重大战略的支撑，加快新型基础设施建设，提升传统基础设施水平。要适度超前，布局有利于引领产业发展和维护国家安全的基础设施，同时把握好超前建设的度。要科学规划，贯彻新发展理念，立足全生命周期，统筹各类基础设施布局，实现互联互通、共建共享、协调联动"等要求，纳入项目物有所值评价体系中，对不符合要求的不能通过评审和入库，以确保 PPP 项目实现经济效益、社会效益、生态效益、安全效益相统一。

第五，实行分类施策，推进 PPP 项目落地。对已入库尚未实施的 PPP 项目，应对照中央财经委员会第十一次会议和《意见》精神进行审核，对于不符合会议总体要求的项目，要延缓实施或采取退库措施，从而为符合要求的项目入库腾出空间。

对符合入库要求的 PPP 项目，应研究推进项目尽快落地的具体措施，确保项目落地和加快实施，进而推动基础设施建设步伐。

第六，强化各方监督，规范 PPP 项目运行。提升 PPP 项目监督机制，改变过去主要依靠各级财政、发改委、审计等行政主管部门实施行政监督的状况，提高 PPP 项目的透明度，建立健全全方位综合监督机制，鼓励全社会力量参与对 PPP 项目的监督：（1）通过财政部平台公开 PPP 项目的项目内容和运行进度；（2）加强新闻宣传，公布监督平台和联系方式，方便社会各界反映问题；（3）广泛接受社会各界和新闻媒体对不规范项目的监督和投诉，对社会反响强烈、社会关注度高、涉及民生的问题要及时进行查处，并将处理结果向全社会公开；（4）进一步强化新闻媒体和社会公众监督，使 PPP 规范工作主要由内部审核把关逐步向内部严格审核和社会各界监督相结合的方式过渡。

（本文系笔者于 2022 年 5 月 7 日向财政部 PPP 中心主办的公众号"道 PPP"投的政策建议稿。）

如何看待《中华人民共和国政府采购法（修订草案征求意见稿）》中的 PPP 相关条款？

2022 年 7 月 15 日，财政部向社会公布《中华人民共和国政府采购法（修订草案征求意见稿）》（以下简称《征求意见稿》），[①] 征求公众意见。对于该《征求意见稿》，笔者在此提出以下几点关于 PPP 条款的看法，并针对性地给予一些修改建议。

第一，政府和社会资本合作（PPP）是具有货物、工程、服务、投资等多种属性的综合采购项目。工程、货物和服务三分法是传统政府采购分类方法，PPP 不宜归类于其中任何一种，服务类采购也代表不了 PPP 采购的基本属性。笔者建议将《征求意见稿》第 2 条第 2 款修改为：本法所称政府采购，是指各级国家机关、事业单位、团体组织和其他采购实体，为了自身履职或者提供公共服务的需要，使用财政性资金或者其他国有资产，以合同方式取得货物、工程、服务以及其他公共产品的采购行为，包括购买、租赁、委托、政府和社会资本合作、创新采购等。

第二，政府和社会资本合作（PPP）作为一种特殊的综合性政府采

---

① 参见"关于《中华人民共和国政府采购法（修订草案征求意见稿）》再次向社会公开征求意见的通知"，载财政部官网，http://gks. mof. gov. cn/gongzuodongtai/202207/t20220715_3827392. htm，2022 年 7 月 16 日访问。

购，应由县级以上人民政府授权的机关、事业单位作为采购人。《征求意见稿》第12条第3款没有限制县级以上人民政府，只规定了"合作项目涉及多部门职责的，由人民政府授权的机关、事业单位作为采购人"，这意味着不涉及多部门职责的，不需要人民政府授权。另外，该条创制了"联合采购人"的概念，但联合采购人进行 PPP 采购容易造成职责不清，预算路径也会比较混乱。近几年 PPP 项目的探索经验表明，PPP 采购人事宜由政府指定一个职能部门作为采购人更为合适。故笔者建议将《征求意见稿》第12条第3款修改为：政府和社会资本合作项目，由县级以上人民政府授权的机关、事业单位作为采购人。

第三，《征求意见稿》第13条对政府和社会资本合作（PPP）供应商专门作出了规定，但笔者认为 PPP 供应商的概念在学术界很有争议，对供应商的概念作出解释也容易限制 PPP 模式的创新探索，且没有涵盖其他创新合同的内容。故笔者建议将"供应商"的概念修改为：供应商是指参加政府采购活动，有意愿向采购人提供货物、工程、服务以及政府和社会资本合作的社会资本方和其他创新采购合同标的的法人、非法人组织或者自然人。

第四，创新采购、政府和社会资本合作（PPP）的采购内容有很强的创新属性，需要不断地进行完善优化，不宜在法律中直接作出规定，而是可授权财政部具体作出规定并随着实践探索逐步完善优化。另外，服务类采购代表不了创新采购、PPP 采购的根本属性，对此不应完全遵循服务类采购的规定。故笔者建议将《征求意见稿》第34条第2款修改为：创新采购、政府和社会资本合作项目等采购项目，由财政部另行作出具体规定。

第五，竞争性谈判采用经评审的最低价中标的方式，并不适合 PPP 项目。近几年，PPP 项目实践中采用的比较成熟的公开招标、竞争性磋商等手段比较适合 PPP 采购实际。故笔者建议将《征求意见稿》第35条第

3 款修改为：技术、服务等标准明确、统一的通用货物、服务，已完成设计的工程施工，采用招标、询价方式采购。技术复杂的大型装备，实验、检测等专用仪器设备，需要供应商提供解决方案的设计咨询、信息化应用系统建设等服务采用竞争性谈判方式，创新采购以及政府和社会资本合作等项目采用公开招标和竞争性磋商、竞争性谈判等方式采购。

第六，《征求意见稿》第 39 条第 1 款将 PPP 采购分为包括涉及特许经营合作的采购和不涉及特许经营的其他合作模式的采购。该种分类不恰当，影响 PPP 的创新探索，由此建议删除。该条第 2 款的内容比较冗长，其表述与现有实践操作不相吻合。故笔者建议将《征求意见稿》第 39 条修改为：采购人在采购活动开始前，应当完成项目规划、立项、供地方案、环境影响评价等前期工作；应当完成实施方案的编制并经县级以上人民政府批准，完成物有所值评价、财政承受能力评价的编制并经县级以上财政部门批准。

采购方案和采购合同应当确定合理的风险分担机制。除根据法律法规和国家有关规定，可以在合同中约定除重大政策变化、自然灾害、通货膨胀、需求减少等外部风险外，不得向政府部门转移融资、运营等商业风险。

第七，针对《征求意见稿》第 71 条，对于 PPP 合同的属性界定，学术界存在不同观点。虽然最高人民法院在《关于审理行政协议案件若干问题的规定》（法释〔2019〕17 号）中规定具有行政管理关系的 PPP 通过行政协议的相关手段予以解决，但并未确定所有的 PPP 均为行政协议。政府采购法作为采购方面的法律，对于 PPP 争议适用的法律不宜直接作出规定。故笔者建议将本条内容删除。

第八，PPP 采购提供的是公共产品，强调运营和绩效管理，禁止固化政府支出责任。目前，PPP 的定价方式是投标报价加绩效管理，该方式兼顾了项目实际和绩效管理的理念，建议在立法中予以延续。为此，笔者建议将《征求意见稿》第72条第3款修改为：通用货物、工程和服务采购，应当采用固定价格定价方式。创新采购合同、政府和社会资本合作合同可以采用成本补偿定价方式。采购人可以根据项目特点，采用投标报价加绩效管理相结合的组合定价方式。

（本文系笔者于2022年7月28日向财政部PPP中心主办的公众号"道PPP"投的政策建议稿。）

PPP 和政府专项债能结合吗？

笔者认为，PPP 和政府专项债是否可以结合，可以从以下两方面入手分析。

一、PPP 项目中能否使用专项债资金

PPP 项目和专项债项目均为公益性项目，但是 PPP 项目是以创新提供公共服务为特征的一种政府和社会资本合作投资；专项债项目是以政府直接举债而提供公共服务的一种公共投资。两者具有不同的属性，相互补充、相互促进，形成对公共产品的有效供给，且不可互相替代。公共产品的供给应当以政府投资为主导，以 PPP 为有效补充。PPP 项目中，政府付费所对应的是一般公共预算支出，而政府专项债券的偿债来源是基金收益和专项收入，分别归属于不同的预算口径。所以，笔者认为 PPP 项目不一定必须寻求与专项债进行有效结合。

由于 PPP 和专项债的模式是有根本区别的，所以两者的结合存在法律上的冲突和现实中的困难。例如，PPP 项目要进行财政承受能力论证，而专项债需要进行项目收益平衡评价，如果采用"PPP + 专项债"的模式，那么项目是否应当同时进行财政承受能力论证和项目收益平衡评价呢？但可以明确的是，如果同时评价，势必会增加项目识别的难度，影响项目的有效管理和监督。

另外，政府专项债资金受额度控制，适合专项债项目的资金都不能得到有效满足，所以运用专项债资金操作 PPP 项目，现实中几乎是不可能的。

再者，适合采用 PPP 模式的项目与适合采用政府专项债的项目存在比较大的差异。PPP 项目不一定产生基金收入和专项收入，但专项债项目一定要产生基金收入和专项收入。所以，两者之间有天然的"矛盾"，要实现结合存在较大的理论难度和现实困惑。因此，很多地方政府直接规定禁止 PPP 项目申请专项债。

然而，PPP 项目使用债券资金也并不是绝对不可行。笔者认为，在政府付费的项目中，政府可以使用一般债券资金用于政府付费；在可行性缺口补助和使用者付费项目中，专项债券资金可用于有基金收入和专项收入的政府方出资，且该部分政府出资应当参与项目分红，否则其将没有偿债来源。虽然上述项目理论上可以使用专项债券资金，但是政府在 PPP 项目中的出资一般份额较小且不参与分红，而这并不是 PPP 项目的难点，其难点是社会资本方的融资难及政府付费难。将专项债券的资金用于 PPP 项目操作，难度大，程序复杂，且作用并不十分显著。

二、专项债项目如何实现市场化融资

专项债项目如何实现市场化融资，能不能实现市场化融资，是困扰地方政府的十分严峻的问题。该问题若不解决，会对专项债的发行、基础设施投资补短板的保持以及稳定经济增长等方面产生重大影响，甚至会出现"半截子工程"，所以必须加强研究并予以解决。

专项债项目市场化融资的政策瓶颈不容易突破。因为专项债项目均是由行政事业单位为立项主体的公共项目，一旦确定为政府债项目，就隔绝了通过市场化融资的通道，因为《中华人民共和国预算法》（以下简称

《预算法》）规定地方政府只能通过发行地方政府债券进行举债，而不能有其他的举债通道。但是，现实操作中由于受政策方向和额度限制，客观上存在投放方向不确定、额度不确定等问题，有的项目后续资金不能保障。类似的专项债项目后期处境就很尴尬。虽然国务院规定专项债项目收益如果存在平衡项目有剩余的，可以通过项目法人进行市场化融资，但现实中专项债项目通常自身平衡都难保证，要采用剩余的收益来实现平衡具有很大的难度，也突破不了政府隐性负债的政策瓶颈。因此，在现有法律框架下，只有实行市场化运营的项目，才有可能真正实行市场化融资。

为保障专项债项目的切实落地，必须从根本上解决专项债项目配套资金和全过程资金使用的问题。具体而言，可以从以下三方面入手：（1）确保采用专项债的项目按资金平衡方案所需求的政府预算安排和专项债发行安排落实到位，防止该类项目资金短缺；（2）加强政府专项债项目立项的预期管理，实现政府可支配财力及发行专项债券能够充分保证项目资金全部需求，量力而行，科学安排，防止"半截子工程"发生；（3）探索现有法律框架下政府债券项目实行市场化融资，并对该类项目制定特殊政策，对隐性债务统计口径和追责办法适当调整，以解决地方政府和金融机构的政策担忧和风险隐患。

（本文收录于财政部 PPP 中心主办的公众号"道 PPP"于 2019 年 12 月 17 日发布的"专家库交流实录"中。另外，该文还发表于《中国招标》2019 第 50 期。）

如何破解 PPP 项目落地难问题？

破解 PPP 项目落地难问题，对于有效提高社会资本积极性，增加公共服务供给，提高供给效率，促进补短板稳增长，具有重要意义。

PPP 可以有效撬动社会资本在基础设施领域的投资、加大加快公共服务供给，这是毋庸置疑的。而加大基础设施投资、增加公共服务供给，必然需要加大公共投资，所谓不增加政府负债或支出的公共服务供给是不现实的。增加公共服务供给，需要加大财政支出。该支出包括财政直接投放、政府通过负债投放以及增加政府支付责任，这三个手段必须同时使用。同时，增加公共服务供给必须引导社会资本和信贷资金投入公共服务领域，否则将难以发挥财政资金的杠杆作用，而且在这种情况下，公共服务供给的效果是有限的。因此，PPP 是能够较好撬动社会资本和信贷的一种手段。

过去我们进入一个误区，就是既要求有效提高公共服务的供给率，又要求压缩财政责任。但是，既要减少直接投资，又不想负债，还要压减政府支出责任，这必然导致社会资本投资公共服务领域的利益空间被挤压，影响社会资本和信贷资金投入公共服务项目的积极性。

加大公共服务供给与提高公共财政的支付能力是相辅相成的。从近期看，加大公共服务供给必然会增加财政支付困难，但从长远看，提高公共服务的供给能力，必然会提升公共支出的能力，这是一种通过发展解决问题的思路。笔者认为，我国地方政府财政的出路问题，一方面要通过中央和地方的财权事权改革来解决，另一方面还要通过地方发展来最终解决。

目前PPP的现状是项目数量有较大的减少，已有的项目落地率也不高，公共服务的供给率客观上受到影响。从实务的角度审视，这不仅仅是社会资本积极性不高的问题，而是反映出地方政府、社会资本、金融机构的积极性都不如PPP发展之初。对于社会资本来说，最明显的问题是PPP项目遇到了重大困难，有的甚至陷入泥沼难以自拔。所以，其根本点应当是如何提升地方政府的积极性，如何帮助社会资本解决存在的现实问题和客观困难。

笔者认为，社会资本在PPP中遇到的客观困难主要是项目合法性、稳定性的缺失，以及融资难的问题，而解决这些问题是提升社会资本积极性的根本所在。PPP从起初蓬勃发展到如今的规范管理，是PPP改革发展的必然规律。但是，PPP多涉及重大的基础投资，一个项目的成败往往决定一个企业的命运，甚至影响国计民生。所以，适当的容错机制是必需的。特别是地方政府客观存在的提前进场等超常规运行模式，导致很多项目与现行的PPP政策相冲突。很多项目被清理出库或被认定为违规，必然存在整改或停顿的问题。长此以往，势必会搞垮企业。项目合规问题的不稳定，也会严重影响项目的融资。不论什么项目，只要涉嫌项目违规，融资必然受到严重影响。影响PPP项目融资的因素，还包括近年来民营企业在PPP领域的不景气和狼狈窘态。有些企业承接了太多的PPP项目，造成资金链断裂，产生了不利影响，导致金融企业向民营企业发放贷款太过谨慎，从而影响了对民营企业PPP项目融资的资金投放。而地方国企能否成为PPP社会资本方一直存在争议，有人甚至建议在PPP操作模式中直接规定地方国企不能作为社会资本方。但如果地方国企不能成为社会资本方，那么在中央企业前期介入过多PPP项目，投资受到很大的限制，同时民营资本又困难重重的情况下，谁能来投资PPP项目呢？因此，要提升公共服务供给，必须解决这些难题。

　　笔者建议，对已入库且正在实施的 PPP 项目的政策稳定性要予以保障，特别是在金融融资方面要充分予以保障，不能因为有问题就简单地清库，要想办法完善措施以保障项目落地，并把追责和保障项目落地分开。

　　另外，融资难、融资贵问题，也是影响 PPP 项目发展的重要瓶颈。PPP 投资是公共服务投资，不是一般的商业投资。对于 PPP 金融贷款，要从政策上保障规模，给予优惠利率和财政贴息。

　　（本文系笔者于 2020 年 2 月 18 日向财政部 PPP 中心主办的公众号"道 PPP"投的政策建议稿的部分内容。）

如何改进 PPP 项目入库及储备管理工作，加快项目储备、开发和落地进度？

PPP 项目入库的问题主要是入库难，其原因在于以下两方面。

一方面，项目入库须经过层层审核，且要有正式文件，加之发展和改革委员会等部门把关严格，导致项目程序非常烦琐，战线拉得太长。同时，项目审核从程序审核已经变成实质性审核。一个 PPP 项目要想最终实现财政部入库至少需要几个月。另一方面，在操作层面特别是增加省级 PPP 项目集中评审把关环节后，PPP 项目入库的可预见性缺失。由于各省一般采取保密的方式集中评审，评审情况不透明。有些项目按照评审意见进行了修改，但随后专家又指出其他问题，导致项目仍不能入库。抽取的评审专家也存在良莠不齐的问题，如有些专家把握不了项目的关键环节及核心问题，过于吹毛求疵。这种问题，客观上不仅影响了项目的入库，还影响了地方政府推进新 PPP 项目的积极性。

对此，笔者建议，一方面，应做到权力下放，把项目入库的审核权下放至区县，做到责、权、利相统一，同时增加追责力度，省级以上机构的重点职责是政策制定、指导、督察、追责。另一方面，提高地方政府的财政承受能力。新增项目的减少跟地方政府的财政承受能力不足也有很大关系。通过前几年的发展，以及 2019 年财政部发布的《关于推进政府和社会资本合作规范发展的实施意见》（财金〔2019〕10 号，以下简称财政部

10号文）对政府付费项目的收紧，很多地方政府已经没有新上 PPP 项目的空间。所以，要想加快 PPP 项目的入库，应当适当扩大财政承受能力的上限。

（本文系笔者于 2021 年 1 月 13 日向财政部 PPP 中心主办的公众号"道 PPP"投的政策建议稿。）

在推动 PPP 高质量发展过程中，现行的政策和措施中还有哪些短板？该如何改进？

笔者认为，在推动 PPP 高质量发展过程中，现行的政策和措施存在以下一些短板，并由此提出针对性建议。具体如下所述。

第一，缺乏顶层设计。建议尽快出台国家层面的立法文件，稳定社会资本方的投资预期，增强社会资本方的投资信心。

第二，PPP 项目融资的相关优惠和保障政策缺失。建议银保监会①、证监会等部门联合制定相关保障和优惠措施，解决融资难问题。

第三，国有资本在 PPP 中的社会资本方地位不太明晰。笔者认为，地方国企作为 PPP 社会资本方符合实际，是中国 PPP 道路自信、理论自信的重要表现，故建议应明确国有资本在 PPP 中的社会资本方地位。

第四，在 PPP 管理方面，放、管、服的关系还需要进一步优化，放得不到位、管得太多、服务缺失是客观存在的短板。建议下一步继续进行放、管、服改革，给予地方政府充分的自主权。既防止乱搭 PPP "顺风车"而违规举债的问题，又要解决地方政府 PPP 主观能动性缺失的问题。

（本文收录于财政部 PPP 中心主办的公众号"道 PPP"于 2019 年 11 月 5 日发布的"专家库交流实录"中。）

---

① 现更名为国家金融监督管理总局。

PPP 专家库如何发挥更大作用?

PPP 是具有强烈创新驱动属性的一种模式，该模式从国外引进。PPP 要想在中国扎根发展，形成中国特色的 PPP 模式，就需要一大批具有创新驱动思维的专业团队进行理论研讨、课题研究、项目指导、技术评审、成果总结、人才培训、技术研发、经验交流等，并总结借鉴提出立法建议，推动 PPP 的法制化进程。

PPP 专家库及 PPP 专家在推动 PPP 发展的过程中起到了重要作用，但是 PPP 专家库仍存在良莠不齐、追逐利益、定位不准等现象，甚至个别专家为牟取私利，不惜损害国家利益和公共利益。因而，对此需要给予积极的正确引导和规范治理。

笔者认为，具体可从以下几个方面充分发挥专家的重要作用。

第一，以财政部专家库为主，建立规范的 PPP 专家库管理体系，打破条块分割和地域分割。

第二，严格控制专家库专家入库考核标准和程序，优先把那些具有丰富理论经验和实践经验的专家选拔到专家库中。

第三，对不同种类的专家要有所区别、因材施用。例如，对于学术类的专家，应侧重在 PPP 学术研究方面发挥作用；实务型的专家应侧重在项目实际操作中发挥作用。

第四，通过制定相关规范性文件，规范和强化 PPP 项目中法律专家、财务专家的角色和重要作用，严格把控项目质量和风险。

第五，应对 PPP 专家参与的项目进行严格考核，对仅挂名、不实际参与项目的专家或因不负责任而导致项目出现风险严重违规的专家进行追责。

第六，对入库的专家定期进行综合考评，谨防有专家不干事、不务实、滥竽充数的现象发生。

第七，组织专家在参与国家 PPP 立法、理论研讨、课题研究、项目指导、技术评审、人才培训、技术研发、经验交流等方面发挥重要作用，并为充分发挥专家作用提供好的平台。

第八，建立国家 PPP 专家补贴和奖励制度，对那些在 PPP 理论研究、立法、实务等方面有杰出贡献的专家要进行补贴和奖励，从精神和物质方面提高 PPP 专家的历史使命感和自豪感，为推动具有中国特色的 PPP 建设做出更大的贡献。

（本文发表于《中国招标》2019 年第 37 期。）

《中华人民共和国预算法实施条例》对 PPP 预算管理有何意义？

2020 年，《中华人民共和国预算法实施条例》（以下简称《预算法实施条例》）的修订，细化和完善了《预算法》所确定的各项预算管理制度，增强了预算制度的可操作性和规范性。笔者认为，PPP 提供的是公共产品，是与公共财政联系紧密的一种项目实施方式，PPP 的规范操作，必然要遵循《预算法》及其实施条例所确定的基本原则和各项管理制度。《预算法实施条例》的出台，为规范 PPP 预算管理提供了法律依据，并在 PPP 财政承受能力论证、预算编制和执行、费用支付保障、管理公开等方面影响重大。我们应认真审视目前 PPP 预算管理的实际情况，对照《预算法实施条例》进一步规范 PPP 项目的管理和实施。

一、《预算法实施条例》对 PPP 财政承受能力评价的规范意义

PPP 财政承受能力论证的重要依据是每一年度全部 PPP 项目需要按照预算中安排的支出责任占一般公共预算支出的比例。《预算法实施条例》在《预算法》的基础上，细化了一般公共预算收入及支出、政府性基金预算收入及支出、社会保险基金预算收入及支出、国有资本经营预算收入及支出的详细计算口径，切实保证了一般公共预算收入统计的准确性和可

执行性，加强了 PPP 项目财政承受能力论证的准确性和客观性。《预算法实施条例》对政府性基金预算的收入和支出的详细规定，对拟采用政府性基金收入作为 PPP 付费来源的项目是否有可行性提供了预算依据。不符合基金用途的项目和没有办法从基金预算资金渠道安排的项目，自然不能采用基金预算作为 PPP 项目的付费来源。《预算法实施条例》对国有资本预算收入的收取支出口径作出详细规定，对于拟将项目涉及的国有资本经营收益作为使用者付费来源的 PPP 项目，应重新审视是否存在违反国有资本预算管理制度的问题；对于拟将国有资本收益不列入预算管理而直接作为使用者付费对冲政府付费的 PPP 项目，应重新审视是否适当。

二、《预算法实施条例》对 PPP 预算编制和执行的重大意义

存在政府付费和可行性缺口补助的 PPP 项目要纳入财政中长期规划和当期财政预算，但过去纳入预算的具体途径缺乏规范性。《预算法实施条例》对项目的预算口径作出详细规定，要求按照条例的规定统一 PPP 项目的预算编制和执行。《预算法实施条例》第 41 条规定："各级政府应当加强项目支出管理。各级政府财政部门应当建立和完善项目支出预算评审制度。各部门、各单位应当按照本级政府财政部门的规定开展预算评审。项目支出实行项目库管理，并建立健全项目入库评审机制和项目滚动管理机制。"由此来看，PPP 项目也应该进行财政预算评审，并列入项目管理库进行管理。

三、《预算法实施条例》对规范 PPP 付费和支付保障的重大意义

《预算法实施条例》对预算管理的详细规定，确保了列入预算项目的合法合规、有法可依。同时，《预算法实施条例》对预算收入的来源作出

严格的保障性规定，加强了预算的严肃性，即列入预算的，没有法定变更理由的，必须严格执行；《预算法实施条例》还规定了详细的地方政府举债制度，即地方政府可以在国务院下达的债额内发行一般债券和专项债券，一般债券用于补充保障公共财力，专项债券用于项目专项支出。地方政府可以通过转贷的方式取得其他国家和国际组织的贷款。此外，《预算法实施条例》规定了预算应急保障制度，即地方政府在预算不足时，可以通过使用预算周转金、预算调节基金予以补充，并在必要时，可以请求上级财政救助等。这些措施充分保证了预算的执行力，充分保障了列入当期预算的 PPP 项目付费的支付能力。

四、《预算法实施条例》对规范 PPP 项目管理公开的重大意义

预算公开是本次修订的另一个亮点。《预算法实施条例》规定了对预算、决算的公开要求，明确各级政府、各部门在法律规定的期限内应通过法定的途径将预算、决算向社会公开，公开范围包括项目和款数的具体内容。PPP 若为列入财政预算管理的项目，其预算和支出也必须按照《预算法实施条例》的规定进行公开，这对 PPP 项目的公开规范化提供了法律上的保障。此后，PPP 的预算管理会更加透明，更加有利于社会监督。《预算法实施条例》深入体现了深化财税体制改革的成果，实现了《预算法》实施后出台的国务院关于深化预算管理制度改革等规定的法制化。深入贯彻《预算法实施条例》精神，规范 PPP 管理和实施是 PPP 法制化、规范化的必然要求。我们要认真学习《预算法实施条例》精神，并根据其修订相应的 PPP 预算管理制度，提升 PPP 项目预算管理水平和透明度，真正实现 PPP 预算管理标准科学、规范透明、约束有力。

总体来讲，由于 PPP 在近年来一直按照中共中央、国务院关于财政

体制改革和债务管理的要求进行规范，而《预算法实施条例》也是将这些政策予以法制化的突出体现。所以，现行的 PPP 操作规范与《预算法实施条例》没有冲突。《预算法实施条例》将改革措施法制化意味着 PPP 在预算管理这一环节实现了法制化。

（本文发表于《中国财经报》，2020 年 9 月 22 日，第 6 版。）

股权转让能否盘活 PPP 项目，实现破冰？

近年来，PPP 政策的调整和金融市场形势的改变，导致很多 PPP 项目中标后不能落地，形成"半截子工程"或项目长时间未能实施，对公共利益造成了严重损害。为了破解该难题，理论界与实务界都在积极探索如何有效盘活这种 PPP 项目，而股权转让成为业界普遍认可的一种盘活方案。但是，未能落地实施的 PPP 项目往往情况复杂，原因多样，由此应当针对项目的实际状况，做到具体情况具体分析。

例如，有些 PPP 项目不能落地的原因是项目违规，导致其不能融资。这种 PPP 项目在股权转让融资时，应当首先对违规行为进行认真整改和调整，使其满足合法性要求，否则转让后将仍然不能完成融资和项目实施。有些项目是因为经济性评价偏差大，项目先天性收益过低，导致项目没法落地和融资。在这种情况下，要对项目的经济性偏差进行实事求是的认定，通过法定形式调整项目的收益指标，否则项目即便进行了股权转让，也将仍然没法完成项目落地和融资。有些项目未能落地是因为市场的调整，如有些项目中标方为民营社会资本方，但近年来金融企业对民营资本 PPP 项目的融资积极性不高，导致项目不能完成融资，需要吸收国有股份。在这种情况下，由于涉及混合制的问题，因此需要履行相应的国有产权交易审批程序，方可进行。同时，笔者建议国家有关主管部门制定相关政策对民营资本 PPP 项目予以支持，以解决民营资本 PPP 项目融资难的问题。总之，解决该类股权融资问题，不仅要对项目进行深入研究判断，找准症结，对症下药，还要充分考虑项目股权转让所涉及的政策法律红线，谨慎处置。

PPP 股权转让融资的目的多样、形式多样、方式多样，为维护 PPP 项目公共利益不受损害，笔者建议针对 PPP 项目的股权转让，应建立 PPP 项目转让的科学评价机制，聘请专家组织相关部门对 PPP 股权融资转让的目的、模式、影响（包括政治影响、经济影响、社会影响）等进行全方位的尽职调查和评价，从而在科学评价的基础上，进行科学合理、合法合规的股权融资。

（本文发表于《中国财经报》，2020 年 7 月 2 日，第 5 版。）

如何将 ESG 理念运用到 PPP 项目
绩效管理中？

ESG，即环境、社会和公司治理（Environment, Social Responsibility, Corporate Governance），包括信息披露、评估评级和投资指引三个方面，是社会责任投资的基础和绿色金融体系的重要组成部分。

如何将 ESG 理念运用到 PPP 项目全生命周期绩效管理中？笔者认为应从以下几方面入手。

第一，充分体现 ESG 理念是 PPP 的基本属性决定的，PPP 是公共产品的创新提供模式，生态、社会和现代公司治理是现代公共事项的必然要求。所以，在 PPP 全生命过程管理中充分体现 ESG 理念不是项目的提升，而应强调 PPP 的核心理念。

第二，ESG 理念不应只在绩效管理中体现，而应该在全生命周期中充分体现并落实。特别是 PPP 的物有所值评价要充分体现 ESG 要求，要以是否充分体现 ESG 理念作为是否物有所值的重要参考指标。要在 PPP 实施方案，采购、合同的制定，项目的管理，绩效评价等环节采取充分、具体的措施来予以落实。

第三，ESG 理念在 PPP 项目中的体现要有一定的前瞻性，这是 PPP 作为重大公共项目的示范性所决定的。要引进国际、国内先进的行业标准和技术标准作为指导评价 PPP 项目 ESG 的重要指标。

第四，对 PPP 项目 ESG 绩效管理要注重实效，分类对待。对国家级、省级项目要高标准要求，市、县级基层项目要循序渐进，逐步提升。对历史项目要通过补充提升，新的项目从严、从高要求。要根据不同的项目采取不同的要求和措施，防止画蛇添足和不切实际的浪费。

第五，对 PPP 项目 ESG 绩效管理要依法合规。对于在原 PPP 方案、采购文件、合同等没有约定或约定不明的项目，要通过和社会资本方平等协商的方式来逐步提升 ESG 绩效管理，不可将政府意志强加于社会资本方和项目公司。对因 PPP 项目 ESG 要求所形成的成本投入，要实事求是地予以增补调整。对充分体现 ESG 理念的 PPP 项目要予以奖励。

第六，注重行业示范，要在全国、全省等范围内评选充分体现 ESG 理念的项目，并予以总结推广，逐步完善制度体系。

第七，要加强理论研究，对 PPP 项目 ESG 理念的内涵、ESG 的中国化、ESG 的理论与实务的结合等问题进行深入研究，为在 PPP 领域深入推广 ESG 理念奠定坚实的理论基础，形成强有力的理论支撑。

（本文收录于财政部 PPP 中心主办的公众号"道 PPP"于 2020 年 12 月 8 日发布的"专家库交流实录"中。同时，该文章还发表于《中国招标》2021 年第 1 期。）

财政部修订 PPP 操作指南过程中需要解决的核心现实问题是什么？

2019 年，财政部办公厅发布了《关于征求〈政府和社会资本合作模式操作指南（修订稿）〉意见的函》（财办金〔2019〕94 号，以下简称指南修订稿）。对于该修订稿，笔者认为应重点关注其核心问题，并加以解决。

一、修订 PPP 操作指南应重点关注的核心问题

（一）解决 PPP 项目中运作创新和法律政策底线如何有效平衡结合的问题

PPP 具有强烈的创新属性，如果 PPP 操作规范以强制性规定为主，势必会扼杀 PPP 的创新属性。同时，PPP 具有强烈的公益属性，如果国家对 PPP 的操作不加以严格监督和管理，势必会损害公共利益。再者，PPP 与政府债务具有密切关系，操作不当势必会形成政府隐性债务，增大系统性债务风险。所以，PPP 的运作必然要寻求创新和管制的最佳契合，既坚守政策底线，又为 PPP 的创新留下空间。在指南修订稿中，要将 PPP 的创新和管制的有效平衡和结合作为指导思想。在规范的选择上，既要坚守地方政府债务管理、采购政策等红线，又要预留改革空间，允许地方政府进

行探索和实践。同时，可以提供一些示范性条款，供地方政府选择适用。如此，PPP 操作指南将由三种法律规范组成：（1）涉及政策红线的强制性使用规范；（2）选择适用的示范条款；（3）自我创新的任意性条款。

（二）有效解决优化 PPP 发展环境的问题

优化营商环境是党中央、国务院提出的重要战略部署，是一个国家核心竞争力的重要表现。PPP 是政府基础投资和公共服务提供的一种重要手段，对营商环境的影响至关重要。所以，指南修订稿要从优化营商环境的视角出发，推出有利于优化 PPP 营商环境的具体措施。例如，对民营企业参与 PPP 项目予以保障，对 PPP 项目的融资行政审批等方面给予支持。实践中，PPP 资金市场把 PPP 项目贷款当作普通商业贷款的情形并不符合 PPP 属于公益产品的本质特征，反而会增加公共产品的供应成本，破坏人民群众的获得感和幸福感，影响 PPP 项目的发展环境。再如，PPP 项目入库难，造成 PPP 项目的不确定性，进而影响地方政府、社会资本和金融机构参与 PPP 项目的积极性。

（三）总结近几年 PPP 的理论和实践成果

PPP 从开始的大力推广到现在的规范实施，积累了很多先进经验和深刻教训，应该把先进经验上升为示范性条款，把深刻教训规定为禁止性规范。

（四）解决地方政府和社会资本在 PPP 实务操作中的疑难问题

PPP 实务操作中，地方政府和社会资本存在许多困惑，如 PPP 项目入库难是普遍存在的一个突出问题，其体现为入库标准不统一、不透明，评审专家尺度掌握不统一、不公正等问题。再如，PPP 项目财务投资人介入难、退出难，不能很好地利用财务投资，促进 PPP 项目发展。又如，PPP 运作程序复杂，导致决策难，程序烦琐，影响地方政府的积极性。

二、PPP 操作指南的修订建议

针对上述问题，笔者对指南修订稿提出以下几点建议。

一是不宜直接规定地方政府控制企业不能作为本级政府的 PPP 项目的社会资本方。法律保护各类市场主体平等地参与市场竞争，我们所应禁止的是政府融资平台作为社会资本方参与本级项目。同时，实践证明，近几年 PPP 项目落地比较好的地区，地方国企的支撑发挥了重要作用。国企作为 PPP 社会资本方是中国特色社会主义道路理论自信的重要表现，应当予以总结，并写入指南修订稿中。

二是物有所值评价重点应当是定性评价。因 PPP 项目投资大、时间长，定量评价存在很多的不确定性，而定性评价围绕项目的本质属性展开，对于项目的决策具有重要意义，所以物有所值评价应当以定性评价为主，并结合定量评价。

三是采购文件明确组建项目公司前增加变更财务投资人，突破了《中华人民共和国政府采购法》（以下简称《政府采购法》）和《中华人民共和国招标投标法》（以下简称《招标投标法》）。变更、增加、减少财务投资人，相当于变更了中标主体，属于改变了采购文件的实质性内容，违反了前述两部法律规定。

四是 PPP 模式是公共产品的创新模式，不是融资模式，在 PPP 合同中，不宜采用投融资的概念表述。

五是 PPP 是严格与政府债务隔离的一种模式，在 PPP 合同中，不宜出现政府承诺之类的相关表述。

六是对于 PPP 项目社会资本方与政府签订的框架协议同项目公司签订的 PPP 项目合同之间的法律关系存在的争议，笔者认为，两个合同之间不应该是承继关系，而应是两个独立的法律关系。PPP 合同签订并不意味着政府和社会资本方签订的框架协议的权利和义务的终止，而是仅存在部分条款终止的情形，因此用承继关系来表述容易形成错误认识，回避PPP 社会资本方的合同义务和法律责任。

（本文收录于财政部 PPP 中心主办的公众号"道 PPP"于 2019 年 12 月 10 日发布的"专家库交流实录"中。）

当前 PPP 营商环境存在哪些主要问题？

PPP 营商环境是指伴随 PPP 项目整个过程（包括从识别、准备、采购、执行到移交的各环节）的各种周围境况和条件的总和。优化 PPP 营商环境对提高 PPP 项目的落地率，促进 PPP 项目的整体健康发展，以及真正发挥 PPP 项目对基础设施"补短板"的作用，具有重大意义。

一、当前我国 PPP 营商环境存在的主要问题

（一）法律政策分散、层级较低，缺乏顶层设计

2017 年 7 月，由国务院法制办公室、国家发展和改革委员会、财政部起草的《基础设施和公共服务领域政府和社会资本合作条例（征求意见稿）》向社会公开征求意见，但截至目前，该条例仍未正式生效。PPP 项目规范运作的依据只有国务院及各部委、地方政府出台的 PPP 规范性文件，但这些规范性文件法律层级较低，具有较强的政策性，缺乏稳定性。不完善的法律政策环境使政府和社会资本随时都在担心投资项目的风险，削弱了社会资本对 PPP 项目的投资信心，不利于 PPP 市场稳预期目标的实现。

（二）融资环境亟待改善

PPP 项目落地的关键是融资，能够对 PPP 项目形成有效融资支持的有

银行信贷资金、财务投资人投资基金、保险基金等。虽然国家对银行、保险基金等投资 PPP 项目作出了一些政策规定，但因为传统的银行信贷产品特征、保险基金产品特征、财务投资人投资基金产品特征与 PPP 投资属性的契合度不够，真正能与 PPP 项目相匹配的投资产品并不多，导致 PPP 项目融资难。此外，融资过程中，还存在审批时间长、资金使用期限短、成本高等问题。

（三）PPP 项目运作不规范和参与主体诚信不足

第一，项目筛选不够严格。PPP 项目在识别和准备阶段，必须充分考虑政策和市场两大因素，否则在项目运行时会存在诸多问题。例如，一些 PPP 项目在发起时缺少政策前瞻性，刚准备启动就可能被新的政策否定；一些 PPP 项目没有做好充分的市场调研，选择了不适合的付费模式或设定了较低的指标，导致缺少对社会资本的吸引力。

第二，政府诚信缺失。一方面，在投融资领域，多地整体营商环境未得到优化，政府存在较多失信问题，社会资本对地方政府有天然的不信任感；另一方面，PPP 项目合作周期较长，政府财力有限，在运作过程中确实可能存在违约行为。

第三，社会资本不诚信也是一个重要问题。例如，一些社会资本中标后反悔，迟迟不进行确认谈判、不签订框架协议和 PPP 项目合同，严重影响了 PPP 项目的落地建设。

第四，违法采购。一方面，实施机构在采购时人为设置门槛，破坏公平的市场竞争秩序；另一方面，确认谈判阶段，政府方和社会资本方仍对合同核心条款进行谈判，涉及不可谈内容，践踏招标红线。

第五，社会资本方"表外融资"参与 PPP 项目。一些实力雄厚的社会资本方出于行政监管、市值管理、负债率管理和项目收益率等方面的考虑，采用与战略投资者（多为财务投资者）组成联合体并由社会资本方占小股、战略投资者占大股的方式参与 PPP 项目。这一操作会使资金实力不足的社会资本方进入 PPP 领域，增加了行业运营风险。

二、政策建议

针对上述问题，笔者认为应从以下几方面予以改进。一是加强法律制度的顶层设计，优化 PPP 法律政策环境。二是研究财务投资基金、保险基金、银行资金如何更有效地匹配 PPP 项目的问题，制定相关政策以充分保障 PPP 项目的融资需求。三是构建营商环境评价机制，落实地方政府营商环境评价工作，提升地方政府优化营商环境意识。四是加强政府和企业的诚信建设。五是加大对违规操作行为的监督和处罚力度。六是创新对供给侧结构性改革补短板项目的相关制度，加大支持力度。

（本文收录于财政部 PPP 中心主办的公众号"道 PPP"于 2019 年 11 月 5 日发布的"专家库交流实录"中。另外，2019 年 11 月 14 日，笔者发表于《中国财经报》的《优化 PPP 发展环境，促进 PPP 事业高质量发展》一文摘引了本文部分观点。）

如何理解财政部 38 号文中的
优化营商环境思维？

2019 年 7 月 26 日，财政部发布了《关于促进政府采购公平竞争优化营商环境的通知》（财库〔2019〕38 号，以下简称财政部 38 号文），对政府采购进行全面规范改革。这是财政部第一次从优化营商环境的视角对政府采购作出规定，这是一个很有意义且很重要的立法转变，相信今后有更多的改革措施会从优化营商环境的视角作出规定。这也为广大从业人员提出了一个新的命题——树立优化营商环境思维方式。

一、树立营商环境思维方式的原因

营商环境是指伴随企业活动整个过程（包括从开办、营运到结束的各环节）的各种周围境况和条件的总和。习近平总书记指出，营商环境只有更好，没有最好，要以优化营商环境为基础，全面深化改革。[①] 国务院常务会议多次强调，要把进一步优化营商环境作为促进高质量发展、应对复杂形势的重要举措，建立企业参与营商环境政策制定的工作机制，支持开展第三方评估。2019 年 10 月 8 日，国务院常务会议审核通过了《优

[①] 赵儒煜、程云斌：《营商环境只有更好，没有最好》，载大众网，http://www.dzwww.com/xinwen/guoneixinwen/202305/t20230515_11938815.htm，2023 年 6 月 10 日访问。

化营商环境条例草案》，从国家层面夯实了营商环境的法制基础，不仅标志着提升营商环境，已经成为全社会乃至全国的共识，还意味着营商环境水平已经成为各级政府衡量工作成效的重要指标。基层探索和经验总结上升为国家级战略，优化营商环境已经成为我国深层次改革的一个重要抓手和行动目标。

二、从优化营商环境的视角分析这次改革的重要措施

这次规范改革内容站在中央深化"放管服"改革的高度，紧紧围绕如何对现有政府采购制度现状进行规范改革和提升，以更好地服务于优化营商环境。营造企业公平竞争环境是优化营商环境的重要举措。根据财政部38号文的相关内容，可以从以下几方面分析本次改革的主要措施。

（一）限期清理妨碍公平竞争的规定和做法

1. 清理对不同的供应商区别对待、违背市场主体公平原则的问题。

在政府采购的实际活动中，基于地方政府不同的利益需求，对不同的所有制形式企业，特别是民营企业和国有企业、内资企业和外资企业，设置了不同的准入条件，体现在对国有企业、地方企业、内资企业条件的倾斜。这违背了公平的市场竞争秩序，不利于扩大开放、引进外资、引进先进技术、促进技术进步等，并进而在实质上影响了当地的营商环境。因此，保障不同形式市场主体公平竞争的秩序，是优化营商环境的重要内容。

2. 清理以入围方式妨碍供应商公平进入政府采购市场的问题。

所谓入围采购，在《政府采购法》及其实施条例中并没有法律依据，其表现形式是采购人在具体采购条件不明确的情况下，圈定少数供应商。政府采购应该明确采购内容、采购对价、服务需求等。入围采购不符合上述政府采购的实质性要求，不仅影响政府采购竞争的充分性，还容易促使

政府采购人变相"暗箱"操作，增加政府采购负担、腐败等问题。入围采购在现实操作中愈演愈烈，已经造成了不良影响，如有些项目原本低成本就可以采购，但采用了入围采购，导致成本剧增。有些入围采购项目的时代背景已经发生质的改变，但个别地方政府还依据过去的入围采购，排斥新的供应商。所以，限期清理和禁止入围采购不仅是建立公平有序的市场竞争秩序的需要，也是防止腐败、降低政府采购成本、发挥政府采购资金作用的需要。

3. 清理设置或变相设置供应商进入政府采购市场障碍的问题。

为了增加地方政府的财税收入或增加交易平台的收入，很多地方政府规定了外地企业进入本地政府采购要设立分公司，要在交易平台进行注册，并征收高额的注册费用，规定注册有效期，到期需要重新缴纳使用费用或重新注册。上述规定，增加了供应商交易的成本和程序，相当于设置了贸易壁垒。然而，能否保障外地企业公平进入地方政府采购，是衡量地方营商环境优劣的重要内容。所以，参与政府采购的成本和程序也是衡量地方政府营商环境优劣的重要方面。

4. 清理设置或者变相设置供应商规模、成立年限等门槛，限制供应商参与政府采购活动，妨碍公平竞争的问题。

政府采购应该根据采购需求，合理设置供应商条件。但现实中很多地方政府设置或变相设置了许多不合理的规模、年限等条件，限制供应商参与政府采购活动。这些条件的设置限制供应商公平竞争，也容易导致"暗箱"操作和变相腐败，特别是对新设企业、中小企业发展造成很大障碍。所以，保障新设企业和中小企业的发展，是发展地方经济、改善就业的重要手段，也是衡量地方营商环境优劣的重要方面。

5. 清理要求供应商购买指定软件，增加采购成本的问题。

要求供应商购买指定软件是实行电子化招标以后的又一个严重问题。购买指定软件的成本往往要远高于市场价，不仅容易造成软件市场的不公平竞争，还容易滋生腐败，进而影响对地方营商环境的评价。

6. 清理通过信息发布的不完整、不及时、不对称，进而妨碍供应商公平参与政府采购活动的问题。

政府采购除涉及国家机密等特殊情形外，必须坚持公开原则。利用信息发布的不完整、不及时、不对称，排斥潜在的投标人，实现未招先定的目的，造成政府采购不公平，进而客观上影响对当地营商环境的评价。

7. 清理干预采购人自主选择采购代理机构的行为。

《招标投标法》及《政府采购法》中规定，采购人有权自主选定招标代理机构和决定是否自我采购。但采购实际中，有的地方政府直接或变相指定招标代理机构，影响了招标代理市场的公平竞争，也容易造成腐败等问题。

8. 清理设置没有法律法规依据的审批、备案、监管、处罚、收费等事项。

政府采购应当公开、公平、公正。《政府采购法》及其实施条例，对政府采购的程序、监管、收费等作出了明确规定。基于地方招标或交易平台收费等利益需求，有些地方出台了法律之外的审批、备案、处罚、收费等事项。这些规定增加了政府采购的交易成本和程序，属于不平等竞争，是违法干预政府采购活动的制度源泉。所以，清理这些不合理的规定，有利于保障公平有序的政府采购市场秩序，实现依法行政，从根本上改善对营商环境的评价。

9. 清理要求采购人采用随机方式确定中标、成交供应商的问题。

如何确定中标人，在《政府采购法》《招标投标法》均有明确规定，即一般应确定排名第一的候选人为中标人。而采用随机方式中标，确定中标供应商，既没有法律依据，也违背政府公平竞争原则。

（二）规定严格的政府采购制度办法以进行公平审查

各地区、各部门制定涉及市场主体的政府采购制度办法，严格执行公平竞争审查制度。充分听取市场和相关行业协会意见，评估市场竞争的影响，防止出现排除、限制市场竞争的问题。

政府采购相关制度办法中关于影响公平竞争的规定，是政府采购不能公平竞争的制度源泉。只有对这些不合理的规定从根本上进行清除，才能消灭政府采购中不公平竞争的问题。同时，对新出台的相关制度办法也要加强审查，从制度层面杜绝政府采购不公平竞争现象的发生，营造公平竞争的营商环境。

（三）从加强政府采购执行管理方面作出详细规定

1. 优化采购活动办事程序。

市场主体办事程序的效率、便利程度、交易成本是衡量营商环境优劣的一个重要表现。所以，在政府采购中，要优化办事程序。对于没有法律强制性要求的相关手续和程序要予以精简，要根据项目的实际，科学设定、优化办事程序。

2. 细化采购活动执行要求。

在过去的政府采购实际中，由于对采购活动执行要求的规定笼统，评标专家、采购人、采购代理机构等对采购文件的效力等方面产生认知上的分歧，把一些非实质性条件确定为废标条件，从而把有合格竞争力的供应商排斥在外，影响了采购活动的公平竞争。所以，要细化采购活动执行要求。规定对允许采用分包方式履行合同的，应当在采购文件中明确可以分包履行的具体内容、金额或者比例。采购人、采购代理机构对投标（响应）文件的格式、形式要求应当简化明确，不得因装订、纸张、文件排序等非实质性的格式、形式问题限制和影响供应商投标（响应）。实现电子化采购的，采购人、采购代理机构应当向供应商免费提供电子采购文件；暂未实现电子化采购的，鼓励采购人、采购代理机构向供应商免费提供纸质采购文件。

3. 依法合规收取保证金。

保证金的违规收取和退还是政府采购中的另一个乱象。有些地方政府的交易平台为了自己的利益,违规设定保证金必须以现金形式,并且规定高于法律规定的保证金金额,更有甚者规定收取除保证金之外的诸如诚信金等法定情形之外的各种保证金,人为地提高了投标商门槛,影响了公平竞争,也增加了交易成本,是影响当地营商环境的一个非常突出恶劣的问题。对此,财政部38号文规定采购人、采购代理机构应当允许供应商自主选择以支票、汇票、本票、保函等非现金形式缴纳或提交保证金。收取投标(响应)保证金的,采购人、采购代理机构约定的到账(保函提交)截止时间应当与投标(响应)截止时间一致,并按照规定及时退还供应商。收取履约保证金的,应当在采购合同中约定履约保证金退还的方式、时间、条件和不予退还的情形,明确逾期退还履约保证金的违约责任。采购人、采购代理机构不得收取没有法律法规依据的保证金。

4. 及时支付采购资金。

及时支付采购资金是建立诚信政府的重要要求,对建立诚信的市场秩序有重要的示范和引领作用。在政府采购实际中,不依约履行采购合同的情况非常普遍,形成了中标容易、要钱难的局面。政府采购合同是否能依约履行直接体现了政府的信誉,是营商环境优劣的重要表现。所以,政府采购要及时支付采购资金。财政部38号文规定,"政府采购合同应当约定资金支付的方式、时间和条件,明确逾期支付资金的违约责任。对于满足合同约定支付条件的,采购人应当自收到发票后30日内将资金支付到合同约定的供应商账户,不得以机构变动、人员更替、政策调整等为由延迟付款,不得将采购文件和合同中未规定的义务作为向供应商付款的条件"。

(四) 推进电子化采购

电子化采购,对提高政府采购效率,降低交易成本,保障政府采购的公开、公平、公正,具有重要意义,也是衡量一个地区营商环境优劣的重要指标。所以，要加快推进电子化采购。

（五）增强政府采购的透明度

政府采购的透明度是政府采购是否公开、公平、公正的重要保证，是提高政府采购竞争性、降低政府采购成本的重要手段。本次规范改革中，财政部 38 号文规定了要完善政府采购信息发布平台，推进采购意向公开，进一步提升政府采购透明度。

（六）完善投诉制度和形成裁决机制

完善投诉制度和形成裁决机制是保障政府采购公开、公平、公正的重要手段。随着互联网的广泛应用及电子招标的实施，应当研究建立与"互联网＋政府采购"及电子招标相适应的快捷、便利的投诉质疑及裁决通道。本次规范改革中，财政部 38 号文规定了要畅通供应商质疑投诉渠道，研究建立与"互联网＋政府采购"相适应的快速裁决通道，为供应商提供标准统一、高效便捷的维权服务。对供应商提出的质疑和投诉，采购人、采购代理机构和各级财政部门应当依法及时答复和处理。完善质疑答复内部控制制度，有条件的采购人和集中采购机构应当实现政府采购质疑答复岗位与操作执行岗位相分离，进一步健全政府采购质疑投诉处理机制。

（本文发表于《中国招标》2019 年第 34 期。）

优化营商环境视角下，
如何选择 PPP 项目咨询机构？

　　2019 年 7 月 26 日，财政部 38 号文出台，对政府采购从优化营商环境的视角作出了具体规定。PPP 咨询机构选择作为一种政府采购，首先应当结合财政部 38 号文的规定，从优化营商环境的视角对 PPP 咨询机构的采购存在的乱象进行审视、规范和改革。①

　　那么，在此前提下，作为政策性、专业性极强的特殊政府采购，应如何有效选择 PPP 咨询机构呢？结合财政部 38 号文，笔者认为应从以下几方面进行判断。

　　一是在采购程序上，除公开招标外，要允许采用竞争性磋商和竞争性谈判等方式。

　　二是突出咨询团队（特别是团队负责人）在采购中的权重。PPP 项目咨询机构的能力并不等同于具体项目负责人及服务团队的能力，地方政府在选择 PPP 项目咨询机构时，要注重对具体项目负责人和服务团队的考察。谨防企业"挂靠"和"服务外包"等情况的发生。

　　三是强调咨询团队中必须有法律专家和财务专家，并提高法律专家和财务专家在采购评审中的权重。

　　四是建立项目负责人和法律专家、财务专家驻场制度，防止咨询公司

---

① 具体可参见本篇"如何理解财政部 38 号文中的优化营商环境思维？"中的相关内容。

项目投标与项目咨询团队分离、不一致而弱化项目实际咨询团队实力的问题。此外，应对项目负责人和专家团队同时服务项目的数量进行公示和限制。

五是建立政府指导价，防止恶意竞争。

（本文收录于财政部 PPP 中心主办的公众号"道 PPP"于 2019 年 9 月 3 日发布的"专家库交流实录"中。）

中央政府应如何为
地方政府 PPP 增信？

　　针对企业、银行反馈的地方政府信用问题，中央政府应如何为地方政府增信？笔者认为，可以从以下三方面采取措施。

　　第一，按照《预算法》和国务院债务处置预案等相关规定，并不存在中央政府为地方政府的 PPP 项目增信的问题。中央政府为地方政府增信的重要途径是继续深化财税改革，进一步完善中央和地方财权和事权分配改革，有效增加地方政府财力，增加地方政府在 PPP 项目上的支付能力。

　　第二，中央政府要充分重视加强地方政府诚信建设和优化营商环境的问题，保证地方政府量财力而行，确保 PPP 项目的可支付能力。

　　第三，国务院有关部委要充分重视金融机构、社会资本以及地方政府反映的具体问题，有针对性地制定相关指导政策。特别是要解决好如下问题。一是把 PPP 贷款当作普通商业贷款对待，不能享受优惠，反而提高利率，造成 PPP 项目融资难、融资贵的问题。对此，笔者建议，可以充分考虑采用财政部贴息、银行优惠等措施来有效降低融资成本。二是改革 PPP 项目贷款考核标准和追责措施。PPP 项目作为公益项目，如果像普通商业贷款那样对待，势必会造成融资难的问题，因此要优化考核标准和追责措施。三是要指导银行等金融机构制定 PPP 项目贷款的优惠标准。禁止把

PPP 项目贷款和地方政府的财政收入及融资能力挂钩，而是应重视和项目质量及社会资本方的融资能力相挂钩。

（本文收录于财政部 PPP 中心主办的公众号"道 PPP"于 2020 年 1 月 21 日发布的"专家库交流实录"中。）

如何运营专业法律咨询服务为
PPP 健康发展保驾护航？

当前，国家并未对 PPP 咨询服务机构的资质作出明确要求。只要列入财政部或省财政厅 PPP 专业咨询服务机构库，就具备提供 PPP 专业咨询服务的资格，PPP 咨询服务团队中没有法律专业人员的情况并不少见。然而，从实践看，专业法律咨询服务的缺失不仅直接影响单个 PPP 项目的顺利开展，还会影响 PPP 项目的整体健康发展。笔者认为，法律专业人员尤其是作为一线法律工作者的律师介入 PPP 项目，提供专业法律咨询服务，是非常必要的。这主要体现在以下三个方面。

一、促进 PPP 项目的规范实施

在我国关于 PPP 的实施条例迟迟未能出台的情况下，中央各部委及地方政府纷纷出台规范性文件，为 PPP 项目的合规性提供指引。事实上，PPP 项目具有周期长、投资额大、融资需求强、合同体系庞大且复杂、涉及主体众多等特征，PPP 项目要想真正做到规范实施，既要符合政府的政策性要求，更要符合相关法律规定。PPP 法律咨询服务不仅能对 PPP 项目的合规性进行审查，还能依靠专业人员的法律思维和法律专业知识对项目合法性进行审查。以笔者曾为某污水处理厂 PPP 项目提供专项咨询服务的经验为例，在笔者接触该项目时，项目公司已成立，PPP 项目合同也已经签订，但开工前，地方政府出于长期发展考虑，将污水处理厂的设计规模增加了一倍，同时为了防止项目被清退出库，地方政府委托一家咨询机构对原"两评一案"进行调整，但经过多次调整，仍未通过专家评审。笔者对该项目资料进行充分分析后，认为调整后的"两评一案"未能通过专家评审的主要原因在于，咨询服务机构对《招标投标法》和 PPP 的相关政策没有准确理解和把握，在采购章节明确提出不再进行重新招标。笔者认为，该项目在设计规模增加一倍的情况下，必须进行重新招标，其原因在于以下两点：（1）污水处理厂设计规模发生重大变化，会导致合同综合水价发生变化，中标条件发生实质性变更，依据《招标投标法》第 46 条第 1 款①之规定，必须进行重新招标；（2）综合水价发生变更后，政府每年的付费额度也发生变更，如果不重新招标，多出来的付费金额将面临不能纳入政府财政预算的风险，进而影响政府付费。由此可见，法律专业人士对法律的精准把握，有利于为 PPP 项目的规范实施保驾护航。

二、推动 PPP 项目的顺利开展

PPP 项目从前期准备阶段、采购阶段、建设阶段、运营阶段直至移交阶段，涉及合同及主体众多，大小纠纷也层出不穷。律师等法律专业人员介入日常咨询服务，可以运用非诉方式及时发现并解决纠纷，有利于 PPP 项目的顺利开展。例如，当中标社会资本方弃标时，专业法律人员能利用法律专业知识，帮助政府选择合法合规且有利于维护公共利益的解决对策；当融资迟迟不能到位时，律师等法律专业人员可以同项目公司、银

---

① 《招标投标法》第 46 条第 1 款规定："招标人和中标人应当自中标通知书发出之日起三十日内，按照招标文件和中标人的投标文件订立书面合同。招标人和中标人不得再行订立背离合同实质性内容的其他协议。"

行，在现有法律框架下，共同探索解决融资难题的多种途径。

三、激发 PPP 模式的创新探索

　　一方面，专业的法律咨询服务有利于 PPP 模式的实践创新。虽然从中央到地方政府出台了一系列 PPP 政策规范性文件，但这些文件法律层级较低、不成体系，且相较于实践需求，政策性漏洞较多。对于上述问题，专业的法律服务人员不仅能够从政策的合法性角度判断政策的持久性，进而指导实践，还能够在出现政策漏洞或政策冲突时，指导 PPP 项目在法律框架之内进行实践创新。另一方面，专业的法律咨询服务有利于 PPP 模式的理论创新。专业的法律服务人员可以利用法律专业知识在现有的政策之外进行理论探索，以发展的理论指导新的实践。例如，对于 PPP 纠纷是否具备可仲裁性、基金如何引入 PPP 项目、如何营造 PPP 良好的营商环境等问题，都依靠法律人的创新性理论研究逐步填补了相关政策的空白。

　　因此，PPP 健康发展离不开专业法律咨询服务，建议 PPP 咨询服务团队必须配备 PPP 实践和理论经验丰富的法律专业人员，确保 PPP 的规范实施，为 PPP 项目的顺利发展扫清障碍，从而推动 PPP 模式在实践和理论层面的创新发展。

　　（本文收录于财政部 PPP 中心主办的公众号"道 PPP"于 2019 年 10 月 22 日发布的"专家库交流实录"中。）

如何破解养老 PPP 项目
申报率、落地率双低难题？

采用 PPP 模式运作的养老项目，可以吸引更多优质的民间资本进入养老市场，有利于提高养老服务业运营管理水平，提升养老服务质量。但从现状来看，虽然国家养老补贴政策较为优厚，但相较于其他类型的 PPP 项目，养老 PPP 项目仍呈现申报率、落地率双低的特点。

那么，养老 PPP 项目为何申报率、落地率低呢？笔者认为，造成这一局面的原因主要有以下两点。

一是养老 PPP 项目面临供需不匹配问题。现阶段，我国养老服务市场的需求集中于能够提供优质服务的基本保障类及中端类养老 PPP 项目，如居家社区养老服务项目、中端医养结合项目等。但社会资本方的投资方向则侧重于高端老年公寓、生态养老院等服务优质、收费高昂的高端养老项目。PPP 项目具有公益性特征，而实力雄厚的社会资本方更倾向于参与营利性养老项目，这些项目并不适宜采用 PPP 模式，进而造成中低端需求与高端供给不匹配的局面。

二是养老 PPP 项目面临付费模式选择不合理问题。养老 PPP 项目大部分采用使用者付费模式，由社会资本方自负盈亏。但目前，我国的养老 PPP 项目尚处于初步探索阶段，呈现以下特征：形式多样、缺乏系统成熟经验；对软性服务要求高，运营成本高；政策性补助不足，老人支付能力整体较弱，资金回收期长。因此，包装成使用者付费模式的养老 PPP 项目往往不受社会资本方的青睐，落地率低。

在这种背景下，又该如何提高 PPP 项目的申报率、落地率呢？笔者认为，一方面，可以通过增加运营内容、完善国家补助政策等措施，提高基本保障类及中端类养老 PPP 项目对社会资本方的吸引力；另一方面，根据项目的实际情况选择付费模式，尤其在经济发展相对落后的地区，要谨慎选择使用者付费模式。

（本文收录于财政部 PPP 中心主办的公众号"道 PPP"于 2019 年 10 月 31 日发布的"专家库交流实录"中。同时，该文还发表于《中国招标》2019 年第 47 期。）

开发性 PPP 存在哪些难点？

开发性 PPP 具备 PPP 模式的普遍属性，是一种规范的 PPP 模式。它以实现区域可持续发展为目标，政府和社会资本建立长期合作关系，主要提供以产业开发为核心的基础设施和城市运营等综合开发服务。笔者认为，实践中，开发性 PPP 主要存在以下难点，并相应提出几点对策。

一、开发性 PPP 存在的难点

（一）物有所值评价难

物有所值评价难是开发性 PPP 项目存在的一个普遍性问题。开发性 PPP 项目由于涉及较多的创新元素，很多方面超越了现有法律边界，项目也存在着许多不确定性，这就导致项目存在诸多争议。特别是项目物有所值评价中，专家对项目的合规性、可行性不好判断，导致物有所值评价很难通过，即便通过，得分也很低。

（二）财政承受能力评价难

许多开发性 PPP 项目超越了具体项目的范畴，对项目的测算不准确，对所涉及的政府缺口补助和政府相关投入也不能作出相对准确的预测，导致财政承受能力评价不科学、不准确，对政府债务和支付责任形成隐性风险。基于上述原因，财政承受能力评价通过率也很低。

（三）项目入库难

开发性项目具有较多的争议性。例如，PPP 项目目前的基本模式局限于具体的项目，而开发性项目不能对项目作出准确描述，通常会预留相对较大的发展空间。开发性项目所涉及的与政府财政税收分成的问题，涉及对预算制度的突破问题。通常认为，预算制度是国家主权的重要表现，其权力只能由各级人民代表大会行使。政府在合同中对此作出约定，是否相当于挑战了国家的预算制度？开发性项目通常需要对项目所包含的基础设施实行政府付费，同时还享受开发区域财税增加部分分成，这是否涉嫌重复付费的问题。开发性项目范围内的土地优先由开发企业指定的企业拿地，是否涉嫌挑战土地的公开招拍挂制度，使招拍挂制度流于形式？诸如此类的争议，导致 PPP 项目库管理机关以及评审专家对项目入库分歧较大，开发性项目普遍存在项目入库难的问题。

（四）法律风险大

如上所述，开发性项目存在的问题在很多方面均与相应法律制度存在冲突。在现有法律框架下，这种创新必然面临较大的法律风险。

（五）融资难

由于项目入库难，法律风险大，金融机构对项目的合法性、可行性不能进行科学的判断，从而直接影响项目的融资落地。同时，从客观来看，开发性项目风险系数大，给金融机构贷款也带来了一定风险，影响了项目的可融资性。再者，开发性项目融资金额需求大，持续时间长，通常一家金融机构很难满足项目需求，需要组织银团贷款，但不同的金融机构对项目有不同的认识，导致项目的融资协调难、落地难。此外，金融机构在PPP 项目贷款中会充分考虑项目所在地政府的财政收支情况，通常开发项目所在地政府的财政收支指标也很难满足银行的贷款要求。

（六）项目的可持续性难

开发性项目具有可持续性，通常是把项目分成若干阶段分批实施，后续项目是否能够继续进行，依赖于前期项目是否成功。由于开发性项目招商工作的不确定性，项目的风险较大，很多项目在一开始就出现了问题，使得项目没法持续下去。

（七）存在创新风险

开发性项目缺乏成熟的经验和操作模式，大家"摸着石头过河"，各地项目五花八门，缺乏统一的标准，专家和地方政府社会资本的认知水平有限，以及政策波动，势必导致开发性项目存在许多风险。

二、开发性 PPP 发展的几点对策

针对上述难点问题，笔者认为，可以从以下五方面入手并予以解决。

（一）加强理论研究和试点经验总结

开发性项目要想健康发展、行稳致远，就必须加强理论研究和实践经验的总结，不能遍地开花，随意"上马"。因为开发性项目通常涉及区域经济发展的重大问题，涉及民生问题，虽说创新会有失误，但是开发性项目一旦失败，就会具有巨大的破坏性，所以要谨慎试点、总结经验，既要加强理论研究，避免产生不必要的风险，使开发性项目从发展之初就在法律的框架内运行，避免触碰法律红线，还要加强科学论证，防止因论证不充分导致项目失败。

（二）明确政策法律红线，谨防创新僭越

笔者认为，我国的土地招拍挂制度，地方政府的财政预算制度等，均是不可触碰的法律红线，开发性项目不能因为创新就随意僭越。因此，在开发性项目运作的时候，要充分论证可能触及的法律禁区，谨防僭越法律所带来的法律风险。

（三）规定容错机制，为创新保驾护航

开发性项目属于一种创新，对发展地方经济、推动区域发展具有重要

作用。在谨防僭越法律的同时，要对那些不可预见的政策风险、法律风险、可行性研究风险等，规定必要的容错机制，为创新开发性 PPP 项目的发展保驾护航。

（四）加强顶层制度设计，规范指引发展

开发性项目事关重大，除进行创新探索、理论研究、经验总结等必要措施外，加强顶层制度的设计、规范指引发展，也非常重要。对此，财政部和有关部委应该加强对开发性项目制度的顶层设计，从而使开发性 PPP 项目做到有法可依，有章可循。

（五）引进其他模式，多管齐下，共同开发发展

笔者认为，PPP 项目解决不了片区开发项目的所有问题，有些问题与现有的 PPP 制度相冲突，就不适合采用 PPP 模式。区域发展可采用的模式非常多，我们应该根据区域发展的项目实际情况采用包括 PPP 模式在内的多种模式，共同推进区域的开发发展。

（本文收录于财政部 PPP 中心主办的公众号"道 PPP"于 2019 年 8 月 27 日发布的"专家库交流实录"中。同时，本文还发表于《中国招标》2020 年第 5 期。）

如何做好 PPP 项目前期准备工作？

PPP 项目前期准备工作是基石，只有准备阶段工作做扎实，PPP 项目才能行稳致远。关于 PPP 项目前期准备工作，财政部发布的《政府和社会资本合作模式操作指南（试行）》① 已经作出了具体规定。除此之外，笔者认为，从实务角度讲，PPP 项目前期准备还应当做好如下工作。

首先，重点做好项目的可融资性分析、资金市场调查、PPP 项目融资意向及客户市场调查。项目融资是 PPP 项目落地的关键，随着 PPP 政策的收紧，PPP 项目存在融资难、审批时间长、资金使用期限短、融资成本高等问题。政府在前期准备阶段，要与各金融机构积极沟通，充分了解各金融机构的投资意愿、对社会资本方的要求，并相应调整项目实施方案、采购方案，使得后期选取的社会资本方能够顺利融资。要完善项目融资所需要的各项项目审批手续，为项目融资做好充分的准备工作。

其次，做好对潜在社会资本方的市场测试工作。实践证明，市场测试能够确认市场中 PPP 产品的平均成本和市场行情，是评判项目可行性、项目指标设定科学性的一种行之有效的办法，因此政府要重视对社会资本方的市场测试工作，设定科学的程序进行市场测试。避免盲目招标，导致项目流标受挫。

最后，要做好项目公众民意测试工作。PPP 项目涉及社会公众的利

---

① 该文件于 2020 年 1 月 23 日起失效。关于该操作指南的修订稿，截至 2023 年年初，尚未生效。

益，公众对 PPP 项目的反映和评价直接决定 PPP 项目的成败，所以在 PPP 的各项环节中要充分调查民意，特别是 PPP 项目的运作模式、使用者付费情况等要充分征求公众意见。

（本文收录于财政部 PPP 中心主办的公众号"道 PPP"于 2019 年 12 月 31 日发布的"专家库交流实录"中。）

02 PART

监督管控篇

如何解决 PPP 信息公开中存在的问题？

PPP 事关公共利益，及时向社会公众公开项目的各个环节进展状况，不仅有利于"阳光"操作，吸引社会各界广泛参与，还可以赢得社会各界对 PPP 项目的理解和支持。

一、PPP 信息公开中主要存在的问题

实践中，我国 PPP 项目的信息公开，主要有以下几点问题。

（一）公开不及时

一些地方政府未意识到信息公开的重要性，在全国 PPP 综合信息平台中上传信息不及时，导致没有给意向的社会资本方足够的准备时间，进而影响前期市场测试结果，不利于投资决策。

（二）公示信息不规范

公示信息不规范，主要体现为：未准确完整填写项目信息，入库之日起一年内未更新任何信息；已经决定不再采用 PPP 模式，却没有及时申请退库；未及时充分披露项目实施方案、物有所值评价、财政承受能力论证、政府采购、PPP 项目合同等关键信息；缺乏对地区 PPP 项目和一般公共预算支出及增长率的披露；缺乏已落地项目的信息披露，未及时公布定期和随机绩效考核记过。

（三）项目库管理仍需加强

一方面，PPP项目整改、清退不及时的现象仍然存在。另一方面，负责PPP项目调库、清库的专家选任方法不够合理，影响评审结果的公平性。

二、如何推动 PPP 信息公开

为了促进PPP信息公开，推动PPP项目库管理，笔者提出如下建议。

（一）强化地方政府信息公开意识

相关主体应及时按照财政部和发展和改革委员会的信息公开要求，上传公示信息。

（二）细化披露内容

在披露内容上，不仅应充分披露"两评一案"等关键信息，还要披露增加社会资本方、金融机构关注的地方政府一般公共预算支出及预测增长率、项目绩效考核办法、已落地项目每期绩效考核结果等关键信息。

（三）加强项目库管理

一方面，建立健全专人负责、持续跟踪、动态调整的常态化管理机制，及时将条件不符合、操作不规范、信息不完善的项目清理出库。另一方面，每次集中统一评审，都应采用随机抽取的方式，从PPP项目专家库中选任PPP项目调库、清库的专家，以保证评审结果的公平性。

（本文收录于财政部PPP中心主办的公众号"道PPP"于2019年11月19日发布的"专家库交流实录"中。）

如何看待 PPP 付费规范问题？

付费是 PPP 合同的核心条款，PPP 合同付费出了问题，就是 PPP 项目出了根本性问题。从社会资本方的视角看，PPP 付费不公会直接影响社会资本方参与 PPP 项目的积极性，甚至影响 PPP 项目的落地和推进实施。从政府的视角看，PPP 付费若有问题，则会影响财政资金的使用效力，进而影响政府政务诚信和营商环境建设，甚至会触碰法律、纪律红线。所以，PPP 付费的规范问题，是关乎 PPP 长远发展的大事。

一、PPP 付费的主要特征

第一，公共投资的强制性和契约自由的有机结合是 PPP 付费的首要特征。PPP 是围绕公共产品创新和供给而进行的一种公共投资活动，其既区别于一般政府投资活动，又区别于一般商业投资活动。在 PPP 付费中，单纯强调公共投资的强制性，抑或简单强调契约自由，都是不对的。PPP 付费应该是遵循强制性法律规范前提下的相对契约自由。

第二，长期稳定的收益是 PPP 付费的另一个重要特征。在 PPP 付费中，既要体现长期稳定的现金流，又要平滑政府支出，不能过分把支付责任前移或后移，从而造成政府支付困难和分配的不平衡。

第三，公平合理的付费约定。政府和社会资本方合作要充分体现公平合理原则。一方面，政府不能凭借自身权力要求社会资本方签订不合理的付费条款；另一方面，社会资本方也不能利用自身的专业强势地位误导政府签订不公允的付费条款。

第四，支付有据。PPP政府付费使用的是财政资金，财政资金的支付必须有根有据。即便是使用者付费，使用的也是公众资金，涉及公共利益，因此使用者付费的收取也必须有依据，不能是"糊涂账"。此外，付费依据必须是正式有效的PPP合同条款，以及根据PPP合同进行的规范绩效考核。

第五，规范有序。PPP付费合同必须是经过法定程序签订生效的，其包括：在物有所值和财政承受能力评价基础上，经政府批准的PPP实施方案；遵循PPP实施方案而制定的招标文件；在PPP招标要求基础上的企业报价；在招标报价要求和投标响应基础上，形成的付费条款及影响付费构成的相关条款；双方经公开合法程序确定的补充条款和绩效考核条款（协议）；公开透明的工程结算审计；预算报批工程款计算支付等。上述内容，都必须按照法律和合同的约定规范有序进行，不能强调效率而无视程序的公正。

二、PPP 付费实践中存在的难点

对照上述PPP付费的主要特征，实践中PPP存在的付费问题还是比较多的。问题产生的原因，主要在于以下两点：一是PPP属于新生事物，经验不足和依据不足；二是个别地方政府试图通过技术操作来规避国家对PPP的强制监管要求，这些非正常程序操作影响了PPP的规范付费。在此背景下，PPP付费实践中存在的难点主要体现在以下三方面。

首先，付费条款设置不公平、不合理、不科学。这不仅表现在PPP采购中过于强调政府利益，而忽视公平磋商，也表现在负责咨询的公司、专家对PPP项目的认知和专业度不够，导致项目前期在付费条款设置上就不公平、不科学、不合理，甚至太粗糙，缺乏可操作性，进而使得事后不得不靠大量的补充条款和技术操作来弥补，并最终致使付费行为不规范。

其次，对付费程序的法律严肃性和合同契约精神的重视程度不够，不能做到有法必依、执法必严，程序和实体并重。例如，个别地方政府忽视PPP 合同的严肃性，随意找理由推迟付费，增加和减少影响政府付费的因素等。这种付费行为具有违法性，不仅危害很大，还会从根本上影响政府的政务诚信和社会资本投资 PPP 项目的积极性，甚至影响 PPP 的营商环境。

最后，试图在制度和合同之外对 PPP 付费进行调整，用以弥补不符合规定的 PPP 项目在形式与实质不符方面的问题，从而直接造成违法违规。例如，对于不符合缺口补助项目包装成使用者付费，随后再进行调整等。由于这种操作存在缺乏监督、依据不足的问题，属于严重的违法违规行为，应该坚决杜绝、严肃查处。

三、精准发力解决 PPP 付费不规范问题

PPP 付费存在的问题很多，需要监管审计部门认真研究和监督规范处理。对于这些问题，我们要分清性质，区别对待。对于那些属于改革过程、实践探索过程中出现的经验不足、依据不足、探索风险问题，要实事求是地总结并逐步加以完善。具体而言，一是制定并完善 PPP 付费的相关规定，做到有法可依；二是注意提高地方政府规范 PPP 付费的自觉性和严肃性，做到有法必依；三是严肃查处那些规避法律、挑战红线的违法违规行为，做到违法必究。

规范 PPP 付费行为是一项长期而艰巨的重要工作，各地在 PPP 规范检查、审计和巡视中要把 PPP 付费工作检查作为重点内容，既要注意查处违规行为，又要总结经验。同时，PPP 付费的规范化需要包括地方政府

在内的所有业界同行共同努力，综合治理，多行并举，才能彻底消除 PPP 付费不规范的环境和土壤。规范 PPP 付费行为，须从每个行业参与者的自觉行为开始。

（本文收录于财政部 PPP 中心主办的公众号"道 PPP"于 2020 年 8 月 4 日发布的"专家库交流实录"中。）

PPP 项目财政支出动态监管
应重点关注什么？

笔者认为，讨论 PPP 项目财政支出的动态监管问题，应从以下路径进行分析。

一、PPP 项目财政支出动态监管的必要性

现有制度已经对 PPP 项目财政支出作出了许多具体的监管措施安排。例如，PPP 项目在识别阶段中的财政承受能力评价、物有所值评价制度，以及 PPP 项目的审查入库制度；在实施阶段中，严格的政府采购制度和招投标管理制度，PPP 项目的绩效管理制度，PPP 付费的预算管理制度和人大审议批准制度；事后的项目审计和巡视制度，各种违规行为的事后追责制度等。

PPP 项目财政支出的动态监管的积极意义在于，对 PPP 项目全流程政府支出责任的可行性评价、支出责任的确立、支出责任的履行等建立一个连续动态的监管体系。对 PPP 项目财政支出的连续动态监管，可以反映出 PPP 项目在运行过程中 PPP 项目财政支出所产生的一系列变化，通过这些变化可以分析影响财政支出的因素，从而采取相应措施加以应对。同时，可以通过对比分析发现项目存在的种种问题，及时监督政府切实履行其在 PPP 项目中应当履行的支付义务，进而规范 PPP 项目中的政府付费

行为，防范 PPP 项目给政府债务带来的风险以及财政支出风险。现有的法律体系和法律制度工具还不能完全满足上述 PPP 管理功能的需求，故笔者认为，实现对 PPP 项目财政支出的动态监管，对补充制度短板，规范 PPP 运作，防范和化解重大财政、金融风险，具有重要意义。

二、PPP 项目财政支出动态监管应建立财政四级动态监管体系

由于 PPP 项目财政支出动态监管意义重大，财政部门承载了 PPP 项目全过程财政支出管理职能，故笔者认为由财政部门负责财政支出动态监管具有必要性和合理性。另外，基于 PPP 项目的重要性和复杂性，国家现有 PPP 监管实际采取的是国家、省、市、县四级监管体制。PPP 项目的财政支出动态监管也应该列入四级监管体系，从而实现分层分级动态监管。

三、PPP 项目财政支出动态监管应重点关注的内容

PPP 项目财政支出动态监管重点关注的内容，应该根据 PPP 项目财政支出动态监管的目的来设定。由前述分析可知，PPP 项目财政支出动态监管的目的主要是获得 PPP 项目全过程的动态反映，进而围绕动态反映信息作出财政预案和处置。所以，笔者认为，为实现 PPP 项目财政支出动态监管目的，应重点关注如下内容：（1）动态监管应实行全流程监管；（2）动态监管应重点关注项目财政付费的变化，以及影响变化的因素；（3）动态监管应将防范地方政府隐性债务和系统性风险发生作为重点；（4）动态监管要密切关注违规操作行为，对此要及时加以规范和制止；（5）动态监管应密切注意监管过程中发现的付费违约行为，防止 PPP 项目付费失信行为发生；（6）动态监管应避免与现有法律框架下其他职能部门的监管职责有所重复和冲突。

　　总之，动态监管要注意放、管、服改革和 PPP 项目规范管理的协调统一，既不能因监管措施影响 PPP 项目的创新探索，也不能因此束缚地方政府手脚，进而影响地方政府投资 PPP 项目的积极性。

　　（本文收录于财政部 PPP 中心主办的公众号"道 PPP"于 2020 年 8 月 11 日发布的"专家库交流实录"中。）

国有企业作为本级政府 PPP 项目的社会资本方，存在哪些利弊？

本级政府全资或控股的国有企业能否作为本级政府 PPP 项目的社会资本方？这是个十分重要的问题，也是个十分敏感的问题。目前越来越多的国有企业充当了本级政府 PPP 项目的社会资本方，而且大有逐步发展之势。

一、国有企业作为社会资本方参与本级政府 PPP 项目的优势

（一）不存在法律和制度障碍

笔者认为，一般市场主体的国有企业作为社会资本方参与本级政府 PPP 项目并不存在法律和制度障碍，其原因在于法律保障各类市场主体平等参与市场竞争的权利。法律所要限制的是特殊类企业——政府融资平台作为本级政府 PPP 项目的社会资本方。因为政府融资平台不同于普通的市场主体，其仅有市场主体之名，却没有市场主体之实；它们不能独立承担市场风险，其主要职责是为政府融资，是政府隐性债务的主要"潜伏地"，跟政府是"左手和右手"的关系。

（二）项目落地率高，争议解决便利

笔者认为，国有企业作为社会资本方参与本级政府 PPP 项目具有交

易成本低、项目落地率高、争议解决便利、利于保护公共利益的实现、利于壮大地方国企、促进地方经济发展等优势。

相较于外来资本方，地方政府对本级政府全资或控股的国有企业更为了解，更加信任。这会有效降低交易成本，提高项目落地率。PPP 项目一般存在投资金额大、合作周期长、合同体系庞大、法律关系复杂等问题，因此 PPP 项目的交易边界不够清晰，容易发生纠纷。与其他社会资本方相比，本级政府全资或控股的国有企业作为社会资本方会采取更为"温和"的方式来处理这些纠纷，一般不会出现撤资、停工、停止提供公共服务等现象，这既有利于 PPP 项目平稳落地、健康发展，也有利于维护公共利益。

（三）有利于维护 PPP 项目的公益性

本级政府全资或控股的国有企业作为社会资本方参与本级政府 PPP 项目，可以在确保国有资产保值增值的情况下，更加重视公共利益的维护，一般不会出现只重建设利润而不重运营服务的情况。

（四）有利于壮大地方国有企业，促进地方经济发展

本级政府全资或控股的国有企业是地方政府的经济支柱，其以社会资本方的身份参与本级政府 PPP 项目，不仅可以大幅增加公司资产，获得可观的经济回报，还可以在提升公司实力的同时，反哺地方经济。

二、国有企业作为社会资本方参与本级政府 PPP 项目的弊端

（一）产生地方政府隐性债务的风险

现实中，有些参与本级政府 PPP 项目的本级政府全资或控股的国有企业，是地方政府平台公司转型后的企业，可能存在转型不彻底、与地方政府界限不清晰等问题，导致在 PPP 项目亏损的情况下，容易出现地方国有企业的债务最终由地方政府兜底的情况。

（二）市场竞争优势不明显

与其他社会资本方相比，大多数本级政府全资或控股的国有企业没有经历充分的市场竞争，公司经营管理水平较弱，建设、运营能力有待提高。

（三）容易破坏公平的市场竞争环境，形成地方贸易保护壁垒

实践中，在采购阶段，有些地方为了让本级政府全资或控股的国有企业中标，采购文件中会设置一系列门槛，从而严重影响正常的招投标秩序和公平的市场竞争环境。

综上所述，笔者建议，应规范国有企业参与本级政府 PPP 项目的行为，如禁止市场化转型不到位的国有企业作为社会资本方参与本级政府 PPP 项目，PPP 采购程序中禁止设置贸易壁垒，防范不正当竞争行为等。

（本文系笔者在 2019 年第五届中国 PPP 发展（融资）论坛边会之《政府和社会资本合作（PPP）术语手册》发布及研讨会圆桌论坛上的发言，发表于《中国招标》2019 年第 46 期。）

社会资本方可以成立联合体参与 PPP 项目投标吗？

这是一个业内关心的问题，也是一个让业内人士十分困惑的问题。当前，社会资本方成立联合体参与 PPP 项目投标，中标后签署项目合同、设立项目公司时，存在的问题比较突出，并主要表现为以下几方面。

一是设立项目公司时，联合体牵头人出资占比较小，未达到控股条件，联合体其中一位成员却出资占比较大，成为控股股东。

二是部分联合体成员不出资，不做项目公司股东。

三是部分联合体成员不参与签署项目合同，对相应权利义务未作合同约定。

四是联合体牵头人或部分联合体成员，对项目公司的融资义务不承担连带保证责任。

五是有些中央企业作为联合体牵头人中标，在设立项目公司时，出资比例却很低，且不对项目公司的融资义务承担连带责任，涉嫌规避国务院国有资产监督管理委员会《关于加强中央企业 PPP 业务风险管控的通知》（国资发财管〔2017〕192 号，以下简称国资委 192 号文），实施 PPP 项目。国资委 192 号文规定："各中央企业要将源头管控作为加强 PPP 业务管理的重中之重，细化 PPP 项目选择标准，优中选优，规范有序参与市场竞争，有效应对项目占用资金规模大、回报周期长带来的潜在风险。"

"各中央企业要高度关注 PPP 业务对企业财务结构平衡的影响，综合分析本企业长期盈利能力、偿债能力、现金流量和资产负债状况等，量力而行，对 PPP 业务实行总量管控，从严设定 PPP 业务规模上限，防止过度推高杠杆水平。"因此，为更好地实施 PPP 项目，管控风险，建议对以联合体形式参加投标的，作出严格规定：联合体各成员均应出资入股项目公司；联合体牵头人应为主投资方，控股项目公司；联合体各成员均应对项目公司的融资义务承担连带保证责任。

（本文收录于财政部 PPP 中心主办的公众号"道 PPP"于 2022 年 11 月 20 日发布的"专家库交流实录"中。同时，本文还发表于《中国招标》2019 年第 48 期。）

如何强化地方政府对 PPP 项目的规范管理？

从我国大力推行 PPP 到对 PPP 的进一步规范管理，经过了长期探索。地方政府相关部门关于 PPP 管理的理念、制度体系建设乃至具体的管理措施也经历了从稚嫩到成熟、从粗犷到完备的过程。时至今日，各地政府在规范 PPP 管理方面，已经建立了比较完备的组织机构、制度体系，形成了行之有效的成熟经验，对推进 PPP 的规范发展起到了重要作用。但是，PPP 是一种创新模式，其生命力在于创新提供生产力，解放生产力。因而，强调规范管理的同时，应该赋予 PPP 广阔的改革、创新、发展空间。对此，笔者提出以下几点建议。

一、加强对 PPP 发展理念的认识

地方政府应对 PPP 发展理念有进一步的统一认知，充分认识 PPP 在供给侧结构性改革（尤其是调结构、稳增长方面）中的重要作用，充分认识 PPP 创新提供公共产品的本质属性，把思想和行动统一到党中央和国务院对 PPP 的决策和部署上来。地方政府只有充分认识了 PPP 的重要作用和本质属性，才会进一步提高参与 PPP 工作的积极性，提高 PPP 规范管理的自觉性。现在的突出问题是，在 PPP 的规范管理方面，中央和省

级层面的积极性和自觉性比较强，而部分市、县级层面表现为被动适应上级的政策和管理。这种情况是 PPP 管理不规范的重要原因，也是 PPP 规范发展方向的重中之重。

二、加强 PPP 基础理论研究

为加强对 PPP 项目的规范管理，应进一步加强对 PPP 基本理论的研究，完善 PPP 制度的顶层设计，促进 PPP 管理经验的总结推广。

一方面，PPP 的规范化离不开对 PPP 的理论研究，如果各地对 PPP 的核心理论问题都存在不同的认识，那么要实现规范管理是非常困难的。近几年，我国在 PPP 理论研究方面取得了一些成就。但是，PPP 毕竟是新生事物，是"舶来品"。笔者认为，如何走好中国特色的 PPP 道路，理论自信非常关键。实践中，个别地方政府在 PPP 管理方面，被动适应上级规定，"头疼医头""脚疼医脚"的问题比较突出。还有些地方政府制定和采取的管理措施，缺乏理论依据和法律依据。例如，把行业管理措施当成行政管理措施，把技术服务当成行政管理措施，把行业管理行为当成合同行为等。这些行为通常以规范 PPP 管理的名义行使，但实际上偏离了依法行政和合同规则，这本身就是不规范的表现。另一方面，建议尽快出台 PPP 条例，统一立法。因为只有效力层级较高的法律文件出台，才能促使各部门更加有效地规范管理权限和管理责任，为依法管理、科学管理提供法律保障。另外，还应加强各地的经验总结和推广。各地在 PPP 管理方面积累了很多先进经验，这些经验应该及时总结并适时上升到制度层面，并予以推广。例如，各地对于项目入库评审的做法不一致，有的效果很好，有的则偏离公平公正，行业褒贬不一，有的甚至对地方政府发展 PPP 的积极性都产生了负面影响。这些经验和教训都需要及时总结，并进行完善和推广。

三、理顺规范和发展 PPP 的关系

首先，地方政府要进一步理顺规范 PPP 和发展 PPP 之间的关系，注意在规范 PPP 的同时，为 PPP 的发展创造宽松的环境。其次，进一步理顺规范管理和依法行政、严格依法履行合同之间的关系。再次，进一步理顺规范管理和稳定发展之间的关系。对于有问题的项目在退库、清库的同时，要制定行之有效的预案，避免项目因清库、退库而损害公共利益，导致金融机构、社会资本方产生严重的经济损失。最后，进一步理顺规范管理和创新发展之间的关系，各地在严格禁止 PPP 造成政府隐性债务等红线的前提下，应允许 PPP 创新发展，避免扼杀 PPP 的创新属性。

（本文收录于财政部 PPP 中心主办的公众号"道 PPP"于 2022 年 11 月 27 日发布的"专家库交流实录"中。同时，本文还发表于《中国招标》2020 年第 11 期。）

如何有效建立 PPP 物有所值评价、财承论证全生命周期动态监控机制？

为有效建立 PPP 物有所值评价、财政承受能力论证全过程动态监控机制，笔者认为，应首先根据物有所值评价、财政承受能力论证功能充分认识其重要意义，然后设置科学合理的管理制度，既保障其制度功能实现，又不至于因严格管控而影响其创新活力。

一、充分认识 PPP 物有所值评价、财政承受能力论证全生命周期动态监控的意义

现有框架下，PPP 物有所值评价、财政承受能力论证制度主要用于解决 PPP 项目的识别问题。通过物有所值评价、财政承受能力论证的项目可以进入 PPP 项目操作的下一个程序，反之，则不能按 PPP 模式来实施。可以说，物有所值评价报告和财政承受能力论证报告是决定一个 PPP 项目命运的重要文件。因此，笔者认为，设定物有所值评价的意义在于识别 PPP 投资和传统投资模式的价值差异，发现该公共产品"创新提供"模式的价值所在。财政承受能力论证的作用在于识别 PPP 项目需要公共财政承担的支出责任，防止公共产品提供的速度和财力不匹配，导致给公共财政带来支出风险。财政承受能力论证的另一个重要作用是，防范把不应

该归属于政府支出的事项由政府支出，从而造成不合理的财政负担。此外，任何一项制度的设立均应该紧密围绕制度的功能进行科学设定，以确保制度设立的合理性及功能的实现。在此基础上，要尽量减少对具体事项的干预，以确保项目运行能具有一定的创新活力。

物有所值评价、财政承受能力论证对科学识别 PPP 项目起到了重要作用。但是，现实中还是客观存在一些问题。其中，最突出的问题就是有些地方政府和行业人员对 PPP 项目物有所值评价持消极态度，认为 PPP 物有所值评价形式化、程序化，甚至有人质疑 PPP 项目到底还应不应该进行物有所值评价。而财政承受能力论证存在的重点问题在于地方政府公共投资的刚性需求与有限财力的矛盾引发的项目政府支出责任识别不到位、不充分的问题。例如，有些地方政府财力有限，为了新上 PPP 项目，不得不在财政承受能力论证时采取一些技术操作，隐瞒一些未来项目中的实际支出。这样就造成财政承受能力论证报告表面很"漂亮"，但实际却无力支付，从而形成了重要的财政支付风险。上述存在的问题，都对 PPP 的规范运行造成了隐患。因而，为了防范上述不规范操作问题，需要提供动态监管来加以管控，防微杜渐。

物有所值评价、财政承受能力论证在项目实践中是一个不断动态调整和变化的过程，随着形势的变化会出现许多影响物有所值评价、财政承受能力评价的因素。而 PPP 项目周期比较长，根据情况对物有所值评价、财政承受能力论证的相关要素进行实事求是地调整，是非常必要的。根据调整过的物有所值评价和财政承受能力论证，对已经不适合采用 PPP 模式的项目，要在划清项目边界、实事求是地解决项目遗留问题的基础上及时作出调整，最大限度地维护公共利益，防止"画地为牢"，束缚项目实施。当然，政府相关部门还可以根据全过程动态监控反映出来的 PPP 项目变化，提前做好风险防控和预案。另外，PPP 物有所值评价和财政承受能力论证全过程动态监控，还可以为 PPP 全生命周期绩效评价提供客观科学的评价依据。

二、对推进PPP项目全过程动态监控的建议

首先，建立PPP物有所值评价和财政承受能力论证全过程监动态机制，应注意其与PPP现有管控制度要高度契合，避免管控措施重复设置。

其次，允许PPP项目根据形势发展的变化及时作出调整，如转换项目实施模式，适当调整项目实施范围。当然，这些改变要履行法定的程序。改变PPP项目的实施模式要进行物有所值论证，保证转化模式科学实施。

再次，要高度注意将物有所值评价和财政承受能力论证的动态监控与项目实施的实际区别开来。物有所值评价和财政承受能力论证的动态监控，重在规范政府投资行为，不能随意把对政府的行政管理评价和项目的运行联系到一起，影响社会资本方的利益，甚至影响公共利益。

最后，要处理好PPP放、管、服改革和全过程动态监控之间的关系，充分保障PPP项目在规范运行的同时，还可以具有充分的创新活力。

（本文收录于财政部PPP中心主办的公众号"道PPP"于2020年8月17日发布的"专家库交流实录"中。）

从政府视角看，如何做好
PPP 重大风险管控？

PPP 项目通常金额大、合作期限长，涉及政府、社会资本、金融、保险等众多主体，与重大公共利益紧密相关。而且，PPP 是"舶来品"，在我国目前仍缺乏完备的顶层制度设计和可循经验。因此，PPP 的风险点数量多、情况复杂。为了做好 PPP 工作，我们必须认真研究总结 PPP 的风险要点，并加以克服和防范。

一、准确把握和理解 PPP 的内涵

应准确把握和理解 PPP 的内涵，谨防负面清单项目进入 PPP 项目库。PPP 是公共产品的一种创新提供模式，这是 PPP 最基本的内涵。如果偏离了公共产品这个目标，就不适合采用 PPP 模式。那些只适合政府直接投资、社会资本不宜介入的领域，如涉及国家机密和政党活动的领域等，也不适合采用 PPP 模式。

二、应准确识别政府定位

实践中，应准确识别政府定位，防止项目管理缺位或越位。PPP 是公

共产品的创新提供模式，所谓创新，就是从仅由政府直接提供公共产品，转变为政府与社会资本方通过合作共赢的模式来提供公共产品。这种合作提供，不能理解为仅由社会资本方提供，也不能理解为政府和社会资本方的简单叠加提供。通过 PPP 合同的安排，新的公共产品供应主体既不是政府，也不是社会资本方，而是 PPP 项目公司这一特殊主体。换言之，公共产品的供应主体发生了质的变化。

政府既不能放松对 PPP 项目公司的管理，又不能直接干预项目公司的正常经营活动。对项目公司管理定位错误的结果，要么是管理监管缺位造成管理混乱，形成国有资产损失、增加政府支出，要么是违法不当干预，破坏营商环境和政务诚信。政府管理容易缺位的一个关键点是不能处理好行政监管和 PPP 合同权利义务履行之间的关系。例如，有的管理者认为，PPP 合同上没有约定的，就不应该监管。笔者认为，这种观点是错误的。PPP 行政监管的权利源自法律授权，PPP 合同不能对法律授予行政机关的执法权进行约定甚至变通，行政机关的行政监管执法权力不能因 PPP 合同而有任何削弱。

此外，政府对项目实施机构、出资方代表的职责如何分工和协作等方面，也容易出现定位错误。笔者理解，项目实施机构代表政府履行特许经营授权（如有）和作为 PPP 合同一方签订 PPP 合同，履行相应的权利义务，并代表政府进行监督管理。如政府方出资代表可以作为 PPP 合同政府方出资人身份参与项目公司管理，接受项目公司分红，行使涉及重大公共利益的一票否决权，在项目公司解散清算时参与清算，接受清算剩余分配权益等。这些权利义务的主要依据是项目公司章程。

三、杜绝借 PPP 项目违规举债

应严格防范 PPP 项目中政府隐性债务的发生，杜绝借 PPP 项目进行违规举债。严格政府债务管理，严禁地方政府违规举债是党中央、国务院的重大部署。严格控制地方政府债务规模，严禁地方政府隐性举债，事关国家金融安全，是明令禁止的红线。在我国推行 PPP 模式之初，某些地方政府对 PPP 的本质内涵缺乏科学的认识，导致很多 PPP 项目操作成了地方政府违规举债的利器，明股实债、兜底回报、固定回报、承诺担保等现象时有发生。不可否认的是，即使到现在，个别地方政府在某些项目中仍然存在违规举债的嫌疑。PPP 与地方政府债务是否完全隔离，是判断真假 PPP 的重要标准。通过近几年对 PPP 项目的规范化管理，借 PPP 项目违规举债的问题得到了基本控制。但是，由于某些地方政府的错误思想或者专业判断缺失，PPP 隐性负债问题的表现形式更加隐蔽，出现了许多新的变种。例如，将政府的出资责任转化为企业的出资责任，在项目中植入根本不可能实现的使用者付费，通过市场化转型不到位的平台公司承接 PPP 项目等，都是政府隐性债务的变种。

四、严格遵循规定，依法操作

应严格遵循 PPP 项目相关的各种法律政策文件，在项目识别、采购、履约管理等环节严格依法操作。我国对于 PPP 项目的运行管理，虽然目前还缺乏法律层面的顶层设计，但通过财政部、国家发展和改革委员会等部门出台的行政规章及其他规范性文件对 PPP 的规范运行作出了很多具体的规定，特别是通过 PPP 项目入库管理严格控制了不合规项目的准入，未经调入管理库的项目禁止进行项目招标，这类项目通常在金融市场也得不到资金支持。所以，按照财政部和省、市级关于 PPP 项目入库的管理规范来严控项目是非常重要的，它是保证项目合规性、科学性的重要基础。因此，我们要严格对照入库管理规定，认真把控项目质量。

PPP 事项的重大变更要合法有据。但某些地方项目随意对 PPP 合同进

行重大变更，不仅缺乏法律依据，还未履行相应的审批程序。这些行为不仅影响 PPP 项目的合规性，而且很有可能触碰法律红线，构成违法犯罪。

五、杜绝 PPP 付费中的不规范问题

应坚决杜绝 PPP 付费存在的不规范问题。例如，付费条款设置不公平、不合理、不科学；对付费程序的法律严肃性和合同契约精神重视程度不够；试图在制度和合同之外对 PPP 付费作出调整，用以弥补不符合规定的 PPP 项目在形式与实质方面不符的缺陷，导致直接违法违规。

（本文收录于财政部 PPP 中心主办的公众号"道 PPP"于 2020 年 10 月 27 日发布的"专家库交流实录"中。同时，本文还发表于《中国招标》2020 年第 12 期。）

政府方在 PPP 风险管控中如何科学定位？

在当前 PPP 项目运行中，政府方很重要的一个风险点就是不能准确地进行职责定位，容易出现管理缺位或管理越位，引发一系列不良后果。例如，因职责定位错误，带来公共管理者渎职、增加政府支出、影响公共产品供给效力等风险，损害了公共利益，或者因违规干预，带来破坏营商环境及政务诚信等风险。因此，为了使政府方在 PPP 风险管控中更好地进行科学定位，笔者建议从以下路径予以考虑。

一、政府方应对 PPP 项目公司进行有效监管

PPP 是公共产品的创新提供模式，所谓创新，就是政府从作为公共产品直接提供者转变为政府与社会资本方通过合作共赢的模式来提供公共产品。这种合作提供，既非由社会资本方提供，也非由政府和社会资本方简单叠加提供，而是由 PPP 项目公司这一特殊的主体来负责公共产品的供应。这也是为什么政府既不能松懈对 PPP 项目公司的管理，又不能直接干预项目公司的正常经营活动的法理基础。对项目公司定位错误的结果往往是管理监管缺位，造成管理混乱，导致国有资产损失、增加财政支出，或者违法不当干预，破坏营商环境和政务诚信等。因此，政府方应对 PPP 项目公司进行有效监管，且不能直接干预项目公司的正常经营活动。

二、政府方应对 PPP 项目的成本控制进行跟踪管理

PPP 项目管理很容易缺位和越位的另一个重要因素是 PPP 项目成本的跟踪管理。在 PPP 项目管理中，项目的"业主"变成了项目公司，施工单位与项目公司之间构成了建设工程施工合同关系。PPP 项目分为政府付费和可行性缺口补助以及使用者付费项目三大类。特别是政府付费和可行性缺口补助项目，政府负有直接的付费责任，但即便是使用者付费项目，由于 PPP 成本控制与公众付费紧密关联，监管不当也会最终影响公共利益。例如，在一些项目中，政府相关方在 PPP 项目成本控制方面存在错误定位，导致 PPP 项目工程成本控制缺乏必要的过程监督，致使成本失控，最终造成政府多付费或加重公众负担，PPP 付费变成了"糊涂账"。故笔者认为，政府方对 PPP 项目的成本控制进行跟踪管理，是十分必要的。

三、明确政府方 PPP 合同权利义务的履行与行政监管之间的关系

政府职责错位的另一个关键点是行政监管。例如，有的地方政府以及管理者认为，PPP 项目有 PPP 合同，行政监管应该按 PPP 合同执行，PPP 合同上没有约定的，就不应该监管，这种想法是极其错误的。PPP 行政监管权力来源于法律授权，PPP 合同不能对法律授予行政机关的执法权进行约定甚至变通，行政机关的行政监管权力不能因 PPP 合同而有任何削弱。

四、明确 PPP 项目政府相关方的职责分工和协作

在 PPP 项目管控过程中，政府方对项目实施机构、出资方代表的职责分工和协作等方面，也容易出现定位错误。笔者认为，项目实施机构代表政府方行使特许经营授权（如有）和作为政府方与社会资本方签订 PPP 合同，履行相应的权利义务，并代表政府进行监督管理。政府方出资代表作为 PPP 合同政府方出资人身份享有的权益，如参与项目公司管理，接受项目公司分红，行使涉及重大公共利益的一票否决权，并在项目公司解散清算时，参与清算，接受清算剩余分配权益等，其主要依据是项目公司章程。同时，值得注意的是，政府方出资代表区别于一般的企业出资代表，其在某种意义上也代为履行国有出资人的部分权利义务。应当特别指出的是，PPP 合同的项目实施机构代表政府行使权利义务，但其授权是有限制的，PPP 合同的签订及实质性变更必须经政府批准，方可进行。虽然实施机构和出资人代表履行权利义务的依据不同、分工不同，但他们作为政府方的共同代表，应该相互协作，在政府的统一领导下建立良好的协作运行机制，共同做好 PPP 项目的风险管控工作。

五、PPP 项目风险管控中政府相关方职责定位的依据

笔者认为，政府相关方定位的依据首先是法律的各种规定，政府是公共利益的管理者和维护者，政府相关方要依照法律的规定，坚定不移地做好 PPP 项目的风险管控工作。其次是 PPP 合同和章程约定，以及地方政府制定的其他规范性文件和双方的其他约定。

六、政府相关方在 PPP 风险管控中的职能定位应遵循的基本原则

笔者认为，政府方 PPP 风险管控遵循的原则应该包括合法性原则、诚实守信原则、风险充分识别原则、公共利益优先原则、科学合理原则、效能和制度规则相统一原则等。

（本文收录于财政部 PPP 中心主办的公众号"道 PPP"于 2020 年 12 月 6 日发布的"专家库交流实录"中。）

指引出台后如何做好已落地 PPP 项目的绩效管理工作？

2020 年 3 月 16 日，财政部发布《关于印发〈政府和社会资本合作（PPP）项目绩效管理操作指引〉的通知》（财金〔2020〕13 号，以下简称《指引》），标志着 PPP 绩效管理顶层制度设计的完善。与以往文件相比，《指引》把"绩效评价"的概念上升到"绩效管理"的高度，是全面落实《中共中央、国务院关于全面实施预算绩效管理的意见》的生动体现，对全面规范、深化 PPP 项目绩效管理具有重要的里程碑式意义。

截至《指引》发布前，财政部 PPP 项目管理库中共有 9458 个项目，其中进入执行阶段的有 6424 个，占比高达 67.92% 。对这些已落地的 PPP 项目而言，绩效管理工作是今后合作中的重中之重，不仅关系着提供公共服务的数量、质量和效率，还关系着政府付费的数额。

一、《指引》对已落地 PPP 项目绩效管理工作的影响

PPP 项目绩效考核体系是项目实施方案和 PPP 合同的重要组成部分，也是合作期间进行绩效考核的依据。但在《指引》出台之前，哪些是绩效考核的关键指标？指标分值怎么设置？怎么进行考核？对于这些问题，PPP 项目各参与方，甚至是各评审专家的意见，都很难统一。而《指引》

全面梳理了 PPP 项目绩效管理各环节的工作内容和程序，提供了可参考的绩效评价共性指标体系，对 PPP 项目的绩效管理工作具有很强的指导意义，而且《指引》第 11 条第 3 项和第 27 条第 2 款也明确规定，已落地 PPP 项目的绩效目标与指标体系需根据《指引》要求完善后，再行开展绩效管理工作，因此已落地的 PPP 项目应当参照《指引》对绩效考核体系进行纠偏与优化。

具体来讲，《指引》出台后，已落地 PPP 项目绩效管理工作的主要操作路径包括以下三方面：（1）由项目实施机构与项目公司共同协商，可共同委托第三方机构参照《指引》对 PPP 合同约定的绩效目标与指标体系进行纠偏与完善，经财政部门及相关主管部门审核通过后报本级人民政府批准；（2）项目实施机构定期开展 PPP 项目绩效监控工作，项目公司（社会资本方）负责日常绩效监控，发现偏差情况应及时反馈并督促纠偏；（3）开展 PPP 项目绩效评价工作（原则上建设期一次，运营期每年度至少一次，每 3~5 年结合年度绩效评价情况对项目进行一次中期评估，移交完成后开展一次后评价），根据《指引》要求制定绩效评价工作方案，组织实施绩效评价，编制绩效评价报告，根据评价结果按效付费、落实整改、监督问责。

二、已落地 PPP 项目各参与方的绩效管理工作的开展

《指引》出台后，已进入执行阶段的 PPP 项目各参与方，应在认清自身职能的基础上进行积极应对。

（一）实施机构

实施机构作为 PPP 合同的签订主体和绩效管理工作的实施主体，应同项目公司（社会资本方）积极协商，根据《指引》要求对绩效目标和指标体系进行纠偏和完善；定期对 PPP 项目开展绩效监控，并将发现的

偏差情况及时向项目公司（社会资本方）和相关部门反馈，督促纠偏；负责组织开展绩效评价工作。

（二）财政部门

财政部门负责建立健全 PPP 项目绩效管理工作的相关制度和共性指标框架；负责对完善后的绩效目标和指标体系进行审核；负责复核 PPP 项目绩效评价报告；进入运营期后，负责对年度绩效目标和指标及编制的预算申报材料一并审核、合理安排财政预算；可结合每年工作重点，选取重大 PPP 项目开展绩效再评价；负责会同相关主管部门依托 PPP 综合信息平台，加强 PPP 项目信息管理；负责会同相关主管部门、项目实施机构在项目移交完成后，开展 PPP 项目后评价。

（三）主管部门

负责指导 PPP 项目绩效管理工作；负责按照绩效管理相关制度要求，建立健全本行业、本领域核心绩效指标体系，明确绩效标准；合规履行预算编制、申报和执行程序；负责对完善后的绩效目标和指标体系进行审核；负责复核 PPP 项目绩效评价报告；负责会同财政部门、项目实施机构开展 PPP 项目后评价。

（四）项目公司（社会资本方）

负责同实施机构积极协商，根据《指引》要求对绩效目标和指标体系进行纠偏和完善；负责做好日常绩效监控，发现偏差情况及时纠偏；负责积极配合开展 PPP 项目绩效管理工作，并对所提供资料和信息的真实性、完整性、有效性负责；按照绩效评价结果落实整改。

（五）第三方机构

《指引》明确提出，项目实施机构开展 PPP 项目绩效管理工作，必要时可委托第三方机构协助。之所以引入第三方机构开展绩效管理工作，原因在于以下三点：（1）基于专业性考虑，PPP 绩效管理涉及工程、金融、财务、审计、法律等多个领域，具备 PPP 相关行业经验的专业第三方机构与实施机构相比，无疑具有独特的优势；（2）基于公平性考虑，实施机构是 PPP 合同的一方主体，同时根据《指引》规定，它也是 PPP 项目绩效考核主体，如果由实施机构自行开展 PPP 项目绩效管理工作，难免存在对社会资本方不公平之嫌；（3）基于紧迫性的考虑，《指引》自 2020 年 4 月中旬开始施行，已落地 PPP 项目的绩效目标与指标迫切需要根据《指引》要求进行纠偏与优化，后续绩效管理工作也迫切需要按《指引》要求开展，而具备专业知识的第三方机构能更有效率地配合实施机构完成相关工作。此外，在选择第三方机构时应注意，参与 PPP 项目绩效管理的第三方机构应区别于原有 PPP 项目的第三方咨询机构，否则会造成裁判员与运动员的角色混同。

（本文系笔者于 2020 年 4 月创作。）

污水 PPP 项目的行业绩效指标应如何设定？

绩效考核是 PPP 项目中政府向社会资本方付费的主要依据，也是政府评价社会资本方提供公共服务质量和效率的依据，因此针对各个行业特点设置合理的绩效指标非常必要。为使付费机制清晰明了、易于实施，污水处理类 PPP 项目的竞标标的往往只有一个，即综合支付水价，这意味着项目建设成本基本上与绩效考核结果挂钩，使得污水处理类 PPP 项目设置合理的绩效考核指标显得尤为重要。

2009 年 9 月，河南省住房和城乡建设厅印发《河南省城镇污水处理运行管理绩效考核标准》（暂行），设置了处理量、处理质量等 13 个打分项。之后，河南省内污水处理类 PPP 项目在设置绩效考核指标时多以该文件为基础，但 PPP 项目并不等同于普通的污水处理类项目，不仅包括项目的建设、运营，还包括项目的融资、移交等环节。因此，除了从项目的运营及管理维度进行考核，基于平衡计分卡理论，还需要从财务融资、利益相关者、创新与可持续发展等维度进行综合考核。

具体而言，从财务融资维度看，需要对融资费用、利润率、净资产收益率、资产负债率等指标进行考核。从内部运营及管理维度看，除了对《河南省城镇污水处理运行管理绩效考核标准》（暂行）进行打分外，还要额外对物有所值评价、参与人的 PPP 经验、风险管理体系等指标进行考核。从利益相关者维度看，需要对项目社会效益、公众满意度、政府满意度等指标进行考核。从创新与可持续发展维度看，需要对融资创新、技术创新、运营创新、环境影响、污水再生利用率、污泥资源利用率等指标进行考核。

（本文收录于财政部PPP中心主办的公众号"道PPP"于2020年3月10日发布的"专家库交流实录"中。）

03
PART

融资管理篇

金融机构早期介入 PPP 项目融资存在哪些困难？该如何解决？

PPP 项目融资的完成是保障 PPP 项目落地的关键，PPP 实践证明，金融机构能否早期介入 PPP 项目，介入程度是否充分，介入路径是否合规，直接决定了 PPP 项目能否顺利落地实施，规范高效实施。所以，金融机构早期介入 PPP 项目融资问题是一个值得深入研究的理论和实务问题。

一、金融机构早期介入 PPP 项目的现实困难和法律障碍

金融机构早期介入 PPP 项目虽然是 PPP 项目落地的刚性需求，但现实中金融机构早期介入 PPP 项目还存在着严重的现实困难和法律障碍。这也是为什么实践中金融机构早期介入 PPP 项目融资比较少的关键原因。同时，金融机构 PPP 项目早期融资介入，还存在混乱、低效，甚至违规违法等现象。

金融机构早期介入 PPP 项目融资的现实问题，主要有信息不对称、信息不公开不透明、对接不充分等。信息不对称是指，金融机构早期获得的项目信息支离破碎，不能充分了解项目的真实情况和政府方的意图。信息不公开不透明是指，政府方在项目早期对金融机构不平等对待，缺乏公开信息路径，各个金融机构从政府方获得的相关信息差异很大，影响公平

的市场环境。对接不充分是指，金融机构与政府方在早期融资介入时缺乏深入有效的交流，金融机构不能准确地了解和识别政府项目需求，而政府方也不能准确地识别和了解金融机构的相关信贷政策和投资意向，同时对金融市场行情缺乏比较分析等调研措施，政府方编制的项目实施方案不能准确适应金融市场的实际，从而导致PPP项目后期的融资困难。

金融机构早期介入PPP项目融资的法律障碍主要体现为：公开、公平、公正的政府采购基本原则与早期介入的实际冲突；政府保密制度和金融机构早期信息获得需求的价值冲突；金融机构早期介入PPP项目的法律依据匮乏，与金融机构早期介入PPP项目融资的强烈现实需求的冲突。PPP采购是按照政府采购严格管理的一种采购行为，项目的各个环节均应严格体现公开、公平、公正的基本原则。金融机构早期介入PPP项目融资，特别是政府仅允许个别金融机构早期介入PPP项目融资，相当于政府方与社会资本方针对重要的一项交易条件（融资条件及其回报）进行了实质性谈判。尤其是当金融机构的早期介入为项目潜在社会资本方所推荐时，该问题更为突出。

所以，金融机构早期介入PPP项目融资要解决如何体现公开、公平、公正的基本原则问题。PPP项目早期由于尚处在论证决策阶段，项目的边界尚未确定，按照政府信息的保密要求尚达不到公开的标准。而金融机构需要获得整个项目的完整信息，所以金融机构的早期介入存在政府信息保密与金融机构早期介入融资获取完整客观项目信息需求的冲突。以上冲突源于PPP项目是新生事物，有自身的客观规律，PPP项目需要获得以金融机构为主的项目资金支持，而该资金通常要占到项目总投资的80%左右，是PPP采购中很重要的一个因素。因此，PPP项目在融资方面应获得完全充分的市场调查，才能够从市场获得公允条件资金，获得完全充分的市场竞争。

二、金融机构早期介入 PPP 项目的解决之道

现实中，金融机构早期介入 PPP 项目有以下两个路径：一是通过项目实施机构等相关政府方通道介入 PPP 早期融资；二是通过潜在的社会资本方通道介入 PPP 早期融资。由于 PPP 项目早期尚处在项目决策论证阶段，项目实施机构等相关政府方对项目的信息尚未公开。所以，笔者认为，从项目实施机构等相关政府方通道早期介入 PPP 项目融资更为适宜，所获得的信息也比较可靠充分，而通过潜在的社会资本方早期介入 PPP 项目融资获得的项目信息分散且准确性较低，既不利于金融机构对 PPP 项目的投资进行准确科学决策，也不利于政府方充分获得 PPP 项目相关金融政策。

同时，为使金融机构早期介入 PPP 项目有足够的制度保障，笔者建议，财政部在修改有关 PPP 项目采购及 PPP 实施模式指南等规范性文件时，可以对相关问题进行调研，规定 PPP 项目早期金融机构可以通过公开、公平、公正的方式介入融资，并规定相关介入程序，确保金融机构早期介入 PPP 项目融资能够公开、公平、公正地进行，确保政府方获得对金融机构投资本项目意愿、交易条件的完全充分的市场调查。此外，我们应当根据 PPP 项目的实际制定科学合理的程序设计，既要满足 PPP 项目金融机构早期介入融资的实际需求，又要确保 PPP 采购遵守公开、公平、公正原则，维护公共利益不受损害，使所有潜在的、有意向的金融机构都能够公平参与 PPP 项目的早期融资介入，为金融机构公平竞争参与 PPP 项目融资提供法律和制度上的保障。

（本文收录于财政部 PPP 中心主办的公众号"道 PPP"于 2020 年 7 月 14 日发布的"专家库交流实录"中。）

PPP 项目中金融机构为何要慎用介入权？

　　财政部《PPP 项目合同指南（试行）》第二章第五节"项目的融资"中规定了融资方的介入权，即"由于项目的提前终止可能会对融资方债权的实现造成严重影响，因此融资方通常希望在发生项目公司违约事件且项目公司无法在约定期限内补救时，可以自行或委托第三方贷款机构在项目提前终止前对于项目进行补救"。这是我国目前在法律法规等规范性文件中对 PPP 项目介入权的唯一规定。介入权的目的是保障融资方的权利，是一项在 PPP 项目合同中或者通过政府、项目公司与融资方签订的直接介入协议予以明确约定的权利。该权利是对金融机构作为 PPP 项目的债权人的请求权的一种突破，通过该约定的实施，债权人的债权请求权转化为债权人对项目的临时实际支配权和控制权。

　　笔者认为，虽然财政部《PPP 项目合同指南（试行）》规定了介入权，但是其仅仅属于行业规范引导的性质，并不属于真正意义上的法律规范，且该规范与我国现有的法律法规存在一定的冲突。例如，《中华人民共和国商业银行法》规定，禁止商业银行直接介入实体投资，那么金融机构行使 PPP 介入权是否属于金融机构介入实体投资呢？又如，《中华人民共和国企业破产法》和《中华人民共和国公司法》等法律规定了企业终止前财产的特殊管理制度，任何单位和个人（包括债权人）不得对公司财产擅自取回或处置。在这种情形下，金融机构介入权的行使会不会损害其他债权人的合法权益，影响公共利益的实现呢？再者，从实务角度讲，金融机构直接介入项目管理是否具备相应的管理能力和处置能力呢？

另外，金融机构介入也存在因采取的介入措施失败而由临时接管转变为实际接手的可能性，从而加重金融机构的责任，给金融机构造成重大的风险。这些问题都促使金融机构在 PPP 项目中不得不慎重地使用介入权。

值得注意的是，PPP 项目存在重大危机时，应以政府的临时接管为主。《最高人民法院关于审理行政协议案件若干问题的规定》（法释〔2019〕17 号）明确规定，把满足一定条件的 PPP 合同定义为行政协议，这说明最高人民法院认为 PPP 合同属于以公权力介入为主的一种协议。

PPP 合同的目的是实现公共利益，其他任何权力的行使必然要围绕公共利益的实现而展开，在公共利益与其他利益冲突时，PPP 合同必然选择公共利益。地方政府对 PPP 合同有一种天然的救济义务，当出现重大风险危及公共利益时，政府对 PPP 项目的临时接管，既是一项义务，也是一项权利。这种权利不是来自合同的约定，而是源于法律的授权，是一种法定权利，而金融机构作为债权人的介入权是一种合同约定的权利，两者冲突时必然选择政府的临时接管。

（本文收录于财政部 PPP 中心主办的公众号"道 PPP"于 2019 年 12 月 24 日发布的"专家库交流实录"中。同时，本文还发表于《中国招标》2020 年第 1 期。）

保险资金能否以股权投资的方式介入 PPP 项目？

根据《中国保监会关于保险资金投资政府和社会资本合作项目有关事项的通知》（保监发〔2017〕41 号，以下简称《保险资金通知》）规定，保险资金投资 PPP 项目可以采取债权、股权、股债结合等方式。但实践中，保险资金并不能真正以股权投资的方式介入 PPP 项目，其原因在于以下两点。

一是保险资金投资的根本原则是在保证偿付能力的前提下实现收益最大化，也就是说，保险资金对投资的安全性要求很高。而 PPP 项目具有投资金额大、合作周期长、法律关系复杂等特征，即使投资的项目符合《保险资金通知》中规定的条件，也仍然存在较大的投资风险。因此，保险公司以股权投资方式介入 PPP 项目时，一般都与其他投资者约定了股权回购、兜底本金损失或固定收益回报条款，这就使得保险公司以股权投资方式介入的行为在本质上属于"明股实债"，保险公司仍是财务投资人，并不能成为真正意义上的股东。

二是财政部 10 号文列举的 PPP 项目正面清单中规定，PPP 项目资本金应符合国家规定比例，项目公司股东应以自有资金按时足额缴纳资本金。当保险公司以股权投资方式介入 PPP 项目时，无论是直接与其他社会资本方组成联合体介入，还是通过认购 PPP 项目公司股权投资基金的份额持有 PPP 项目公司股权的方式间接介入，其身份只是财务投资人，本身并不是真正意义上的股东。保险公司的出资不能视为股东出资，同时其他股东是以保险公司的保险资金出资，并不是以自有资金出资，这违背了财政部 10 号文关于"资本金穿透管理"的相关规定。因此，笔者建议补充和完善相关立法，明确认可保险公司可以财务投资人的身份对 PPP 项目进行股权投资，而不受财政部 10 号文关于"资本金穿透管理"规定的约束。

（本文收录于财政部 PPP 中心主办的公众号"道 PPP"于 2019 年 9 月 17 日发布的"专家库交流实录"中。）

如何合理设置财务投资人进入、退出 PPP 项目机制？

笔者认为，财务投资人进入、退出 PPP 项目之所以成为难题，是由于财务投资人投资和 PPP 项目投资的本质属性不同。财务投资人的投资要求确定固定的投资期限和收益，并且需要定期退出，一般时间较短。而 PPP 项目投资大，项目的收益需要通过绩效考核，具有不确定性，回报周期也比较长。两者在特征和本质属性上的根本区别，导致财务投资人投资和 PPP 项目投资在投资的进入和退出机制上难以匹配。

从理论上讲，财务投资人参与 PPP 项目的基本模式可分为两种，即直接参与模式和间接参与模式。其中，直接参与模式包含两种方式，即股权投资和债权投资。股权投资是财务投资人与作为社会资本方的联合体成员共同参与 PPP 项目；债权投资是财务投资人通过信托或委托贷款的方式直接为 PPP 项目提供债权融资，并收取相应的利息。间接参与模式同样包含两种方式，即建立第三方平台和基金介入。建立第三方平台是财务投资人以参股或控股的方式，通过社会资本方参与 PPP 项目；基金介入是财务投资人以基金模式投资项目公司，实行资产证券化。

笔者理解，财务投资人参与 PPP 项目投资的重点是股权投资。虽然从理论上讲，财务投资人参与 PPP 项目有股权投资和债权投资两种模式，但是财务投资人以债权模式投资 PPP 项目并不是其主要方式，实践中运用也比较少。因为财务投资人所融资金通常会比银行等金融机构的资金成本高出许多，而追求较高的收益是财务投资人的基本目标。所以，财务投资人投资在PPP项目债权投资中并不占优势，债权投资不是其主要投资模式。

财务投资人在PPP股权投资中的本质是"明股实债"，与现有的PPP股权投资中的"资本金穿透管理"法律制度相冲突。财务投资人在PPP项目的股权投资或间接投资，无论是通过联合体、第三方平台，还是参股控股社会资本方，其实质均脱离不了"明股实债"，这是由财务投资人的投资本质属性和特征决定的。而这与《财政部办公厅关于规范政府和社会资本合作（PPP）综合信息平台项目库管理的通知》（财办金〔2017〕92号，以下简称财政部92号文）中规定的"资本金穿透管理"原则是格格不入的。因此，笔者认为，在现有制度框架下，财务投资人参与PPP项目介入和退出的合理方式是不存在的，我们至今无法设计出符合现有法律制度的介入和退出机制。财务投资人有效合法介入和退出PPP项目需要对现有制度进行突破。

财务投资人对PPP投资是使PPP项目落地的重要手段和保障，也是社会资金参与PPP项目的一个重要途径，有利于PPP发展，符合PPP的基本原理。但是，如果操作不当，则容易导致PPP的社会资本方"空手套白狼"，使PPP项目的资本金实际出资不到位或提前撤回，进而违背国务院关于项目资本金的基本规定，影响PPP项目的实施，对公众利益造成潜在的威胁。所以，我们必须研究如何适当突破和改变现有的制度，从而为财务投资人参与PPP项目介入和退出扫除制度上的障碍，有效防范因制度上的突破而导致项目资本金虚置。

（本文收录于财政部PPP中心主办的公众号"道PPP"于2019年8月20日发布的"专家库交流实录"中。）

私募资金以社会资本方身份参与 PPP 项目
存在哪些问题？

　　私募资金介入 PPP 项目有两种方式：一是以社会资本方身份投资 PPP 项目；二是以财务投资人的身份投资 PPP 项目公司。鉴于第二种方式中，私募资金面临的风险较小，且国务院和各部委出台的一系列政策也明确支持私募资金以财务投资人的身份介入 PPP 项目，因而私募资金以财务投资人身份投资 PPP 项目的情况较多。但与银行融资、保险资金不同，私募资金还可以凭借社会投资人的身份直接参与 PPP 项目。与财务投资人身份相比，私募资金参与 PPP 项目的特点在于，财务投资人在意的是资金的短期回笼，往往只关注挑选项目而不是培育项目，并不利于项目的持久健康发展；私募资金融合了金融、法律、项目管理等方面的专业人才，其作为社会资本方可以有效地提升项目管理效能。

　　实践中，私募资金以社会资本方身份参与 PPP 项目，主要是以尚未募集成立的基金（基金投资人）与其他社会资本方共同组成联合体的方式进行，该模式主要存在以下两个问题。

　　第一，存在政策障碍。《私募投资基金监督管理暂行办法》（中国证券监督管理委员会令第 105 号）第 8 条规定："各类私募基金募集完毕，私募基金管理人应当根据基金业协会的规定，办理基金备案手续……"中国证券投资基金协会《私募投资基金登记备案办法》（中基协发

〔2023〕5号）第39条第1款规定："私募基金管理人应当自私募基金募集完毕之日起20个工作日内，向协会报送下列材料，办理备案手续⋯⋯"中国基金业协会《私募投资基金合同指引1号（契约型私募基金合同内容与格式指引)》第15条规定："⋯⋯基金合同中应约定私募基金在中国基金业协会完成备案后方可进行投资运作。"由此可见，私募资金应当先募集，募集完毕后办理备案手续，之后才能进行投资运作。

第二，存在法律障碍。私募基金未成立前，其还没有办法形成法律意义上的实体，私募基金管理人和私募基金也就无法形成委托代理关系，没有办法代表私募基金参加采购。在这种情形下，私募基金管理人参加投标的后果是代理行为因为没有合法授权而无效，代理行为无法对后成立的私募基金产生约束力。同时，私募基金未成立前，私募基金无法与其他社会资本方共担责任。中标联合体成员应当就招标事项与采购人签订初步协议，并约定由中标社会资本方对采购人承担连带责任，但在管理人代表私募基金参与投标的情形下，由于私募基金还没有成立，私募基金管理人代表私募基金签订的初步协议对私募基金没有约束力，实施机构无法要求私募基金与其他社会资本方共同就项目义务承担连带责任。因此，私募资金以社会资本方身份参与PPP项目的前提必须是已经募集成立。

（本文收录于财政部PPP中心主办的公众号"道PPP"于2019年10月8日发布的"专家库交流实录"中。）

金融机构如何进行 PPP 项目
综合性融资服务探索？

PPP 是国家投融资体制改革的重要举措。金融机构充分保障 PPP 项目在资金规模、资金用途、资金期限、资金成本等方面与 PPP 项目匹配的需求，是保证 PPP 事业健康发展、行稳致远的关键。同时，金融机构建立完善 PPP 项目融资综合性解决方案，也是金融企业寻求自身良好发展的重要手段。所以，无论是服务国家和地方政府发展大局，还是满足自身发展需要，金融机构都应该积极对 PPP 项目综合性融资服务进行探索。

一、明确综合性融资服务需求是由 PPP 根本属性所决定

金融机构 PPP 综合性融资服务是指，金融机构基于 PPP 基本特点和本质属性，围绕 PPP 项目全生命周期资金需求，创建与之相匹配的金融产品或金融产品组合的行为。PPP 在项目的各个层面、不同阶段，分别有不同的资金需求：（1）在项目初期，有项目投标保证金或保函、项目资本金融资需求；（2）在项目建设阶段，有项目履约金或保函、固定资产投资贷款资金需求；（3）在项目运营阶段，有项目运营期保证金或保函、流动资金需求；（4）在项目移交阶段，有移交保证金或保函等资金需求。PPP 项目如此多种类的融资需求分布在项目的不同阶段、不同举债主体之

间，法律属性各不相同，适用的法律规则也不尽相同。而且，尽管 PPP 项目融资种类繁多，但不同种类之间存在着有机联系。这种有机联系相互作用、相互制约，共同保障 PPP 项目全生命周期的资金需求。所以，PPP 项目的特点决定了 PPP 需要金融机构的综合性融资服务。金融机构的综合性融资服务可以提供 PPP 项目融资便利，节约成本，有效提升金融机构 PPP 项目融资效能。

二、了解金融机构 PPP 综合性融资服务的问题

现实中金融机构对 PPP 融资服务的现状不尽人意。金融机构对 PPP 项目的综合性融资服务缺少深入研究，也缺少能够满足 PPP 项目融资需求的金融政策和金融产品。整个市场缺乏有机结合，缺乏很好的针对性，在很多情况下更像是"削足适履"。例如，金融机构缺少专门针对 PPP 项目的长期贷款政策，授信程序复杂，担保要求苛刻，不能实现有效隔离地方政府债务和社会资本方母公司债务风险的目的。同时，金融机构融资成本高，不能适应 PPP 公益性项目低收益、低回报的特点。而且，不同融资种类分属于不同管理部门，不同部门之间缺少有效沟通和统一协调，各自为战，甚至相互内耗，手续重复，导致效能低下。另外，在金融监管和信贷政策方面，缺少对 PPP 项目融资的支持，把 PPP 项目融资当作普通的商业贷款，忽略其公益性，造成成本偏高和价值误判，进而影响 PPP 项目公益性效能的发挥。

三、加强金融机构提供 PPP 项目综合性服务的探索

笔者建议，金融机构在加强提供 PPP 项目综合性服务上，应具体从以下六方面入手：（1）展开针对性的理论和实务研究，厘清 PPP 项目的

融资需求特点；（2）成立综合性的服务机构，提供一站式服务；（3）研究如何简化授信和贷款发放程序，避免程序重复和不必要的审查；（4）研究如何早期介入 PPP 项目融资，加强 PPP 项目融资服务的主动性；（5）提供全过程的服务跟踪，避免服务与项目发展的脱节；（6）研究如何降低 PPP 项目融资成本，提高其融资的核心竞争力。而对地方政府和社会资本来讲，要研究如何为金融机构综合性融资服务提供便利条件，提高其效能，调动其积极性。在监管层面，要研究如何为金融机构提供 PPP 综合性融资服务，提供法律政策依据，包括相关的金融政策和 PPP 操作流程的制度设计。此外，还应注意避免因金融机构无序参与综合性融资服务而可能产生的对公平、公开、公正的市场秩序的影响和冲击，注意解决金融创新和金融政策强制性要求的矛盾和冲突。

（本文收录于财政部 PPP 中心主办的公众号"道 PPP"于 2020 年 7 月 21 日发布的"专家库交流实录"中。同时，本文还发表于《中国招标》2020 年第 8 期。）

六大 PPP 项目股权融资面临哪些现实问题？

PPP 项目股权融资是指通过 PPP 股权的转让或以 PPP 转让为附加条件（如以股权质押为表现形式）的项目融资方式。根据 PPP 项目股权融资的目的，可以将其分为以下六种：（1）以 PPP 项目竞取标的为目的的股权融资；（2）以解决 PPP 项目建设资金来源为目的的股权融资；（3）以 PPP 项目控制人战略重组为目的的股权融资；（4）以 PPP 项目退出为目的的股权融资；（5）以 PPP 项目风险转移为目的的股权融资；（6）以盘活 PPP 项目为目的的股权转让融资。按照股权交易方式，PPP 项目股权融资可以分为股权转让和股权质押两种形式。根据时间节点，PPP 项目股权融资可以分为竞标期股权融资、建设期股权融资、运营期股权融资等。但是，无论如何分类，PPP 项目股权融资只有股权转让类的股权融资和以转让为附加条件的股权质押融资两种形式。接下来，笔者围绕第一种分类方法对 PPP 项目股权融资存在的现实问题进行归纳研究。

一、以 PPP 项目竞取标的为目的的股权融资

严格来讲，该种股权转让方式并不是标准意义上的股权融资，因为该模式并不存在标准的股权转让或股权质押，但因为 PPP 项目具有复合标的的特殊性，因此实质上为了竞争取得 PPP 项目，项目资本方通常会组织吸收一些在资金实力、建设业绩方面有明显竞争力的企业参与联合体来

共同竞争。而参与联合体的企业必然要对项目投资的股权进行合理分配。但是，这些持有特定目的的企业并不希望全过程地参与 PPP 项目，如有的只是完成融资，从融资中取得收益，还有的只是为了参与工程建设，从工程建设中获得收益。所以，联合体协议背后必然存在一个股权回购或股权代持等类型的协议，在这种模式下，外在的形式体现了联合体共同参与 PPP 项目，而内在本质是某个社会资本方独自操控项目，即形式上的股权安排变成了融资方式。这种模式既从形式上满足了 PPP 投标和竞标的形式条件要求，又解决了持有特种目的的公司参与 PPP 项目的难题。在这种模式下，存在的问题是政府方不清楚社会资本方的真实交易背景，这一点对政府方是不公平的，容易使政府方对社会资本方的实力产生错误判断。同时，当社会资本联合体之间内部协议履行存在争议或出现问题的时候，也会影响项目的实施，危及公共利益。近年来，PPP 实践中反映出来的，因 PPP 社会资本联合体之间存在内部矛盾、履行内部协议有障碍而导致项目无法实际落地和顺利推进的情形比较多，严重影响了 PPP 项目的落地率，对公共利益造成了严重损害。因此，我们必须高度重视该种融资模式存在的问题。笔者认为，该种模式虽然形式合法，但在 PPP 项目社会资本方作出这样一种重大公共利益选择的情形下，这种模式有可能危及公共利益背后的安排，所以社会资本方应当向政府方予以充分披露，防止政府方对社会资本方的投标条件产生误判。而对于隐瞒不披露或披露不充分的，可以采用确认投标无效、中标无效、解除合同、行政处罚等措施，予以防范和惩治；对于因隐瞒披露或披露不充分导致项目无法落地、严重危及公共利益的，要追究其法律责任，包括违约责任和项目合同的欺诈责任等。

二、以解决 PPP 项目建设资金来源为目的的股权融资

在这种模式下，通常是因为中标的社会资本方不能独立完成项目融资

（包括项目资本金和项目融资），而需要通过与其他主体合作来完成项目资本金出资和项目建设资金融资。特别是由于近年来民营资本在 PPP 项目融资中遇到障碍，通过向国有资本转让股份以改变融资局面的项目居多。由于建设期通常处于项目股权的锁定期，股权转让受到限制，要想通过股权转让融资，就必须对项目实施方案和 PPP 合同进行调整，并履行政府批准程序。但是，为了实现项目融资，很多项目政府方不得不作出批准，改变项目股权锁定期，允许新的资本方进入项目公司。这种模式容易实质性地改变中标的社会资本方的中标条件，甚至是中标方，这对于其他参与项目投标的主体是不公平的，也容易导致利用该模式实现利益转移，对项目的廉洁自律和公平的招投标竞争环境造成影响。所以，对于该模式，应当谨慎选择。一般情况下，如果中标的社会资本方不能按照合同的约定完成股权出资和项目融资，则应当优先选择追究社会资本方的违约责任，然后根据合同的约定，在违约方退出后另行选择新的社会资本方，或者选择第二中标人作为新的社会资本方，从而防止上述问题的发生。

三、以 PPP 项目控制人战略重组为目的的股权融资

该种模式是基于 PPP 项目实际控制人的战略重组调整等需求而进行的股权转让融资。应当以尊重 PPP 合作协议和 PPP 合同为前提，以保障公共产品的平稳运行和安全为前提，不得降低 PPP 项目公司的综合实力，并且对 PPP 社会资本方进行股权改变时，应当征得政府方的同意。

四、以 PPP 项目退出为目的的股权融资

近年来，一些中央企业和其他上市公司承接的 PPP 项目越来越多，其管理能力和融资能力被严重透支，导致其无法承接新的 PPP 项目。所

以，在理论界和实务界，大家都在积极探索 PPP 如何退出的问题。股权转让能够实现 PPP 项目的完全退出，所以股权转让被视为一种重要的退出模式。但是，这种退出模式也存在许多问题。例如，项目股权锁定期如何突破的问题，新的受让主体如何选择的问题，新的受让方如何保证公共利益实现的问题等。对此，笔者建议，重建设的 PPP 项目在建设期应谨慎采用股权转让退出融资方式；项目建设期完成之后，在确保 PPP 项目正常安全运营前提下，可进行退出。而重运营的 PPP 项目，当新的股权受让方条件优于转让方的条件时，方可退出。同时，为了确保安全退出，应建立退出评价机制，即经科学的退出评价机制评价后，方可办理退出手续。

五、以风险转移为目的的股权融资

有些 PPP 项目的社会资本方通过股权转让融资来转移风险，这种手段危害性极大，是一种"转移包袱，嫁祸于人"的股权融资方式。股权转让后，社会资本方逃避了原来应当承担的违约责任、债务责任等，对于新的受让主体而言，这无疑是一种合同欺诈，对公共利益也会造成严重损害。因此，政府应当对该种转让充分识别，防止以转移风险为目的的股权融资情形的发生。

六、以盘活 PPP 项目为目的的股权转让融资

近年来，PPP 政策的调整和金融市场形式的改变，导致很多 PPP 项目中标后并不能落地，形成"半截子工程"或项目长时间未能实施，对公共利益造成了严重损害。为了破解该难题，理论界和实务界都在积极探索如何有效盘活这种 PPP 项目，而股权转让成为业界普遍认可的一种盘活方案。但是，未能落地实施的 PPP 项目情况复杂、原因复杂，故应当针对

项目的实际情况具体分析。例如，有些项目不能落地是因为 PPP 项目违规，对此应当首先对 PPP 项目违规行为进行认真整改和调整，使其满足合法性要求，否则转让后将仍然不能完成融资和项目实施。有些项目是因为经济性评价偏差大、项目先天性收益过低，在这种情况下，要对项目的经济偏差予以实事求是的认定，通过法定形式调整项目的收益指标，否则项目即便完成股权转让，也仍然没法完成项目落地和融资。有些项目未能落地是因为市场的调整，如有些项目中标方为民营社会资本方，但近年来金融企业对民营资本 PPP 项目融资积极性不高，导致项目不能完成融资，需要吸收国有股份。在这种情况下，涉及混合制的问题，需要履行相应的国有产权交易审批程序，同时国家有关主管部门应尽快制定政策对民营资本 PPP 项目予以支持，从而解决民营资本 PPP 项目融资难的问题。总之，为解决该类股权融资问题，须对项目进行深入研究判断，找准问题，对症下药，并充分考虑项目股权转让所涉及的政策法律红线，谨慎处置。

另外，PPP 股权转让融资目的多样、形式多样、方式多样，为维护 PPP 项目公共利益不受损害，建议建立 PPP 项目股权转让的科学评价机制，聘请专家，组织相关部门，对 PPP 股权融资转让的目的、模式、影响（包括政治影响、经济影响、社会影响）等作出全方位的尽职调查和评价，使之能在科学评价的基础上，进行合理合法的股权融资。

（本文收录于财政部 PPP 中心主办的公众号"道 PPP"于 2020 年 6 月 16 日发布的"专家库交流实录"中。同时，本文还发表于手机版《中国财经报》，2020 年 6 月 22 日发布。）

如何解决不同类型 PPP 项目
再融资中存在的难点？

PPP 项目再融资是指区别于 PPP 首次融资，为实现诸如投资者退出、降低融资成本、分散转移投资风险、引进战略投资同盟、投资利益输送转移等特定功能而进行的融资行为。PPP 项目再融资目的、功能、形式多样，参与主体复杂。从目前 PPP 再融资的现状看，PPP 再融资仍然处于市场自发阶段，市场需求的多样性和 PPP 的创新功能必然导致 PPP 再融资存在复杂和纷乱的情况。这种再融资的复杂和纷乱，一方面填补了 PPP 相关方的利益需求，另一方面也给 PPP 项目的规范操作带来了挑战。对 PPP 项目再融资需求的正当性加以识别，给以法律和制度保障，规范再融资的目的和程序，杜绝不正当 PPP 再融资需求行为发生，严查 PPP 项目违规再融资行为，是保障 PPP 项目发展行稳致远的大事。

一、PPP 再融资的分类

PPP 再融资种类多样，按照 PPP 再融资功能，可以分为诸如投资者退出、降低融资成本、分散转移投资风险、引进战略投资同盟、投资利益输送转移等；按照 PPP 再融资的形式，可以分为股权融资和债权融资；按照 PPP 再融资是否标准化，可以分为标准化融资和非标准化融资；按照是否进场交易，可以分为场内融资和场外融资；按照参与主体的多少，可以分为向特定对象融资和向非特定对象的公众融资；按照是否需要政府批准，可以分为需要经过批准生效融资和无须批准即具有法律效力的融资；按照 PPP 再融资参与的主体是否国有，可以分为国有主体之间的再融资和非国有主体之间的再融资。从不同的视角对 PPP 再融资进行分类，可以发现不同领域存在的问题短板，从而采取相应的应对策略加以解决。而不同的视角又归属于不同的部门和行业自律领域管理，需要从各自的专业角度进行深入研究和提出管理措施。

二、PPP 再融资存在的难点及相关建议

本文从 PPP 再融资的功能视角对 PPP 再融资存在的问题加以分析。之所以选择这个视角，是因为笔者认为 PPP 再融资的功能是判断 PPP 再融资的必要性、正当性的关键，也是 PPP 主管机关应该重点关注的领域。

（一）以投资者退出为目的的 PPP 再融资

PPP 项目需要稳定、长期的投资，这是 PPP 项目的基本特征所要求的，也是维护公共利益的需要。所以，PPP 相关程序规定了 PPP 投资者退出的强制性限制条款，在 PPP 合同中也规定了相应的约束条款。在传统的 PPP 理念中，PPP 投资者中途退出应是例外。但是，从现实需求看，由于 PPP 投资者的投资目的不同，绝对不允许 PPP 投资者中途退出，而这并不利于 PPP 的长远发展，尤其是对于那些侧重项目建设以及财务投资的投资者而言，如果不允许其退出，必然导致其无法积极参与 PPP 项目。同时，这些投资者在完成其使命后，仍留在项目公司，不仅可能会降低项目公司的管理效率，影响项目公司正常运营，还可能导致这些企业机构无法集中精力去投资建设其他 PPP 项目。所以，有的项目投资者需要在适当的时候退出，这是 PPP 项目投资主体的多样性所决定的。

实践中，因 PPP 投资者退出再融资产生的问题是很多的。例如，有的企业通过高资质、有实力的企业竞标中标，然后通过再融资退出。有的企业则通过 PPP 项目的建设获得了项目的主要利益，之后再通过 PPP 项目再融资实现"金蝉脱壳"，给公共利益造成了威胁。还有的通过 PPP 再融资，让不合规主体（如政府融资平台）成为投资主体，造成政府隐性债务风险。甚至还有未经法定程序进行 PPP 再融资退出，造成国有资产流失和合同违约等现象。在这种再融资模式下，政府方和监管方需要重点关注的是，PPP 投资者的变更是否会造成合同违约，是否会弱化项目公司的建设运营实力，是否会规避招标投标，以及是否履行了相关程序。必要时，应组织专家和相关部门进行可行性论证，避免违规退出。

（二）以降低融资成本为目的的 PPP 再融资

PPP 项目资金使用周期长，资金成本对项目收益影响较大。实践中，由于资金市场的变化，可能需要对项目资金通过置换来降低成本，包括对项目股权融资及债权融资的置换，以及对项目各个阶段需要的各类保证金或保函的置换。这种 PPP 再融资存在的主要问题包括：合同条款缺乏可操作性，置换即违约，使低成本资金置换成为不可能；资金置换缺少担保工具，影响资金置换；资金置换收益没有和政府分成，容易造成在资金成本风险分配方面的不公平等。

这种再融资模式下，应注意在 PPP 融资合同设计中充分体现市场调节原则，保证在 PPP 合作期内，项目能够使用符合市场行情的资金，避免资金成本和市场存在较大偏差；注意资金成本的风险合理分配，避免造成对合同各方的不合理分配，从而影响项目运行；注意 PPP 再融资中可能出现的政府担保违规举债问题；注意避免通过 PPP 再融资出现资本金举债，违反 PPP 项目"资本金穿透管理"的强制性规定，影响项目公司的运营实力。

（三）以分散转移 PPP 投资风险为目的的 PPP 再融资

PPP 投资时间长，回收慢，变数多。所以，在实践中出现了许多以分散 PPP 投资为目的的 PPP 再融资。这种模式的好处是可以有效降低投资者的风险，缺点是造成 PPP 投资者的管理主体增多，可能增大管理难度，以及有可能引进不适格投资者，造成项目风险。所以，对于这种模式要慎重对待。一般不宜直接允许在项目的合作过程中增加投资人。

（四）以引进战略投资同盟为目的的 PPP 再融资

为实现 PPP 项目的提质增效和企业的战略重组，解决企业的项目投资困难，PPP 项目的再融资可能被启动。这种再融资模式符合企业的发展战略，有利于项目落地和正常运营。但是，PPP 项目承载着维护公共利益的神圣使命，当项目相关方利益与公共利益冲突时，要选择优先保护公共利益。所以，对该类 PPP 再融资要注意审查其对公共利益的影响，确保程序合规和公共利益不受影响。

（五）以投资利益输送转移为目的的 PPP 再融资

PPP 再融资绝大多数是基于正当合理的项目需求，但不妨碍有些项目是为了输送相关利益而进行 PPP 再融资安排。通过 PPP 再融资安排，PPP 项目初期谋划的各方利益甚至灰色利益得以实现。这种再融资模式是绝不允许和必须坚决制止的。要坚决防止这种现象的发生，发现一起，就严格处理一起。

PPP 再融资是由 PPP 创新属性和 PPP 融资需求的复杂性所决定的，没有积极的 PPP 再融资探索，就不能满足 PPP 形式多样且复杂的融资需求，而没有切实可行的管理和行业引导，PPP 再融资有可能会出现各种问题，进而影响 PPP 事业的健康发展。笔者认为，对于 PPP 再融资，要允许各方主体积极探索，丰富再融资形式，满足正当合理需求。同时，要严格监管，正确引导，及时总结经验教训，对好的再融资模式要积极总结推广，对违规 PPP 再融资的问题要坚决严肃处理。

（本文收录于财政部 PPP 中心主办的公众号"道 PPP"于 2020 年 7 月 28 日发布的"专家库交流实录"中。同时，本文还发表于手机版《中国财经报》，2020 年 7 月 20 日发布。）

04 PART

应用研究篇

政府基础设施与社会保障
PPP 项目应用研究

      全国 PPP 综合信息平台，按行业类别将 PPP 项目主要分为市政工程、交通运输等 19 类。其中，政府基础设施 PPP 项目涉及城市与乡村基础设施的建设，关系到百姓的切身利益和供给侧结构性改革补短板年度目标的实现；社会保障 PPP 项目涉及扶贫、福利院、创业园等项目建设，关系到脱贫攻坚年度目标的实现。这两类项目对经济的持续稳定增长、实现补短板和脱贫攻坚的年度目标有重要作用。2019 年，在多重监管政策的叠加控制下，地方政府、社会资本方、金融机构参与 PPP 项目的积极性明显减弱，全国全行业 PPP 项目呈现入库数量明显减少、已入库项目落地率不高的特点，公共服务的供给率客观上受到影响。2020 年年初，我们又遭遇了新冠肺炎疫情，① 第一季度 GDP 增长受疫情影响将不可避免地呈偏低态势，要保持 2020 年 GDP 持续稳定增长，实现补短板和脱贫攻坚的年度目标，就必须改变政府基础设施与社会保障 PPP 项目数量少、质量低的现状，充分发挥 PPP 这一先进模式在政府基础设施与社会保障领域对经济发展的重要促进作用。

---

① 2022 年 12 月 26 日，新型冠状病毒肺炎正式更名为新型冠状病毒感染。经国务院批准，自 2023 年 1 月 8 日起，解除对新型冠状病毒感染采取的甲类传染病预防、控制措施。

一、2019 年政府基础设施与社会保障类 PPP 项目与 2018 年项目情况比较分析

截至 2019 年 12 月 31 日，政府基础设施项目共 197 个，其中 2019 年新入库 9 个，2018 年新入库 93 个，与 2018 年相比，2019 年新入库项目数量降低了 90.32%；社会保障项目 32 个，其中 2019 年新入库 4 个，2018 年新入库 11 个，与 2018 年相比，2019 年新入库项目数量降低了 63.64%。

从落地率来看，2019 年入库的 197 个政府基础设施项目中，处于准备阶段的有 23 个，处于采购阶段的有 25 个，处于执行阶段的有 149 个，项目落地率为 75.63%；2019 年入库的 32 个社会保障项目中，处于准备阶段的有 6 个，处于采购阶段的有 10 个，处于执行阶段的有 16 个，项目落地率为 50%。截至 2018 年 12 月 31 日，入库的 187 个政府基础设施项目中，处于准备阶段的有 16 个，处于采购阶段的有 23 个，处于执行阶段的有 148 个，项目落地率为 79.14%；入库约 28 个社会保障项目中，处于准备阶段的有 4 个，处于采购阶段的有 8 个，处于执行阶段的有 16 个，项目落地率为 57.14%。

从回报机制来看，2019 年新入库的政府基础设施项目中，可行性缺口补助项目有 6 个，政府付费项目有 2 个，使用者付费项目有 1 个，可行性缺口补助与政府付费项目占比为 88.89%；2018 年可行性缺口补助项目有 54 个，政府付费项目有 39 个，使用者付费项目有 0 个，可行性缺口补助与政府付费项目占比为 100%。2019 年新入库的社会保障项目全部为可行性缺口补助项目，2018 年新入库的社会保障项目可行性缺口补助项目有 8 个，政府付费项目有 3 个，2018 年、2019 年新入库社会保障项目中

可行性缺口补助与政府付费项目占比均为 100%。①

由以上数据可以看出，政府基础设施与社会保障 PPP 项目以可行性缺口补助与政府付费为主要回报机制，与 2018 年相比，2019 年新入库政府基础设施与社会保障项目呈现数量急剧减少、落地率有所下降的态势。笔者认为，其原因主要有以下几点。

第一，严格的 PPP 政策效果凸显。一方面，自 2017 年开始，针对 PPP 领域的不规范行为，中央各部委陆续出台数十部规范性文件进行规范，经过中央牵头、地方联动，2019 年严格的 PPP 政策带来的"去伪存真"成效显著。另一方面，2019 年 3 月出台的财政部 10 号文，是对自 2014 年以来，我国大力发展 PPP 到 PPP 事业蓬勃兴起以及 PPP 逐步规范的整个发展轨迹的理论和实践成果的总结，是继续坚持 PPP 规范发展的政策主旋律。在某种程度上，严格的管理政策削弱了各方参与 PPP 项目的积极性，从根本上抑制了 PPP 项目数量的增长，全国全行业新入库 PPP 项目数量急剧减少。

第二，政策限制政府付费与可行性缺口补助项目入库。政府基础设施与社会保障 PPP 项目多为非经营性项目，其主要回报机制为可行性缺口补助或政府付费。财政部 10 号文对新上政府付费项目和可行性缺口补助项目采用审慎原则：财政支出责任占比超过 5% 的地区，不得新上政府付费项目；"打捆"包装或使用者付费比例低于 10% 的可行性缺口补助项目，均不予入库。这使得各地政府为了规避政策红线，对纯政府付费项目与可行性缺口补助项目都秉持审慎态度，尽量减少这两类非经营性项目的入库申请。在政策红线的压力下，各地政府选择减少这两类项目的入库申请也在情理之中。

第三，地方政府、社会资本方、金融机构参与政府基础设施与社会保

---

① 数据来源：财政部政府和社会资本合作中心全国 PPP 综合信息平台项目管理库，http：//www. cpppc. org：8082/inforpublic/homepage. html#/projectpublic，2020 年 1 月 10 日访问。

障 PPP 项目的积极性减弱。从全国 PPP 综合信息平台公开的项目管理库、清单库信息来看，PPP 项目入库越来越难，2019 年新增项目数量呈现断崖式下跌，地方政府、社会资本方、金融机构对 PPP 项目信心不足、顾虑过多，缺乏参与积极性。

第四，债券发行频次增加、数量增大。自 2018 年大规模发行地方政府专项债券以来，地方政府专项债券在补充地方财力、保障重点项目、规范举债行为等方面发挥了重要作用。由于地方政府专项债券具有发行快、成本低、不列入赤字等优势，地方政府申请专项债券的热情远高于 PPP 项目。

第五，地方政府财政承受能力空间减小。2014 年以来，各地 PPP 项目尤其是政府付费和可行性缺口补助项目数量迅速增加，导致地方政府财政承受压力加大。经过几年的发展，一些地方甚至已经没有了发展可行性缺口补助与政府付费类项目的财政承受能力空间。

第六，社会资本方面临融资难题。PPP 项目融资顺利与否，是 PPP 项目成败的关键。由于政策缺乏稳定性、地方政府履约能力遭受质疑、金融机构中长期资金供给不足且对长期贷款要求收益率过高等问题，社会资本方普遍陷入融资难的困境，以可行性缺口补助与政府付费为主要回报机制的政府基础设施与社会保障项目更是如此。

此外，政府基础设施与社会保障 PPP 项目数量减少，也与平台分类有关。全国 PPP 综合信息平台将 PPP 项目分为 19 个大类，但各类别之间的界限并不十分清晰。一些本属于政府基础设施类的项目，如污水处理、燃气、热力、垃圾处理等经济基础设施类项目被划入市政工程领域，教育、科研等社会基础设施类项目被划入教育、科技、体育、文化等领域；一些本属于社会保障类的项目，如养老项目被划入养老领域。全国 PPP 综合信息平台对项目的类别划分，在一定程度上导致了政府基础设施与社会保障类项目入库数量的减少。

二、提高各方参与项目的积极性，保证补短板目标的实现

笔者认为，要提高各方参与政府基础设施与社会保障 PPP 项目的积极性，首先必须明确以下几个问题。一是政府基础设施与社会保障类 PPP 项目可以有效撬动社会资本在基础设施领域的投资，加大加快公共服务供给，是提高供给率，解决补短板、稳增长问题的重要手段，这是毋庸置疑的。二是加大基础设施投资、增加公共服务供给必然需要加大公共投资力度，即增加政府负债或财政支出。不增加政府负债或财政支出，而仅仅要求增加公共服务供给，是不现实的。三是增加公共服务供给必须引导社会资本和金融资本投入公共服务，否则就不能充分发挥财政资金的撬杠杆作用。PPP 就是能够较好撬动社会资本和金融资金的一种手段。四是过去有一种误区，即既想有效提高公共服务的供给率，又想方设法地减少财政责任，既缺少直接投资，又不想负债，连最基本的政府支出责任，也想方设法地寻求豁免。这种思维模式必然挤压社会资本投入公共服务的利益空间，影响社会资本和金融资本投入公共服务的积极性。五是加大公共服务供给与提高公共财政的支付能力是相辅相成的。从近期看，加大公共服务供给必然会增加财政支付困难，但从长远看，提高公共服务的供给，必然会促进公共支出能力的提升，这是一种通过发展解决问题的思路。笔者认为，中国地方政府财政的出路，一方面要进行中央和地方的财权事权改革，另一方面还要通过地方发展来最终解决。

目前，PPP 的现状是项目大量减少、已有的项目落地率不高、公共服务的供给率提升在客观上受到影响。从实务的角度审视，社会资本方投入积极性不高。对于社会资本方来说，最重要的问题是其在 PPP 项目中遇到了重大困难，有的甚至难以自拔。所以，改善 PPP 现状的根本路径应当是如何提升地方政府的积极性，如何帮助社会资本方解决存在的现实问题

和客观困难。

首先，要提高地方政府参与政府基础设施与社会保障项目的积极性，需先解决 PPP 项目入库难的问题，提高地方政府的财政承受能力上限。当前，PPP 项目入库难问题主要体现在以下两方面。一方面，项目入库要经过县、市、省、部级审核，要有正式文件，加之相关部门的严格把关，导致项目程序非常烦琐，战线拉得太长。而且，项目审核已经从形式审核变成实质审核，一个 PPP 项目要想最终实现财政部入库，需要好几个月。另一方面，在操作层面，特别是增加省级 PPP 项目集中评审把关环节后，PPP 项目入库的可预见性缺失。加之各省一般采用保密的方式集中评审，评审情况不透明。有些项目按照评审意见进行了修改，但随后专家又指出其他问题，导致项目拖了很久却仍不能入库。有些专家不能抓住项目的关键环节及核心问题，这在客观上也影响了项目的入库，影响了地方政府新上 PPP 项目的积极性。因此，在解决 PPP 项目入库难问题上，笔者提出以下几点建议。一是权力下放。把项目入库的审核权下放到区县，做到责权利相统一，同时加大追责力度。省级以上机构将工作重点放到政策的制定以及项目的指导、督察和追责上。二是适当提高地方政府财政承受能力上限。基础设施与社会保障领域新增项目的减少，与地方政府的财政承受能力不足，有很大关系。通过前几年的发展，很多地方政府已经没有新上 PPP 项目，尤其是政府付费类非经营性项目要想增加基础设施与社会保障领域项目的数量，应当允许各地根据实际情况适当提高地方政府财政承受能力上限。

其次，社会资本在 PPP 中遇到的客观困难主要是项目的政策稳定性缺失以及融资难的问题，而解决这些问题是提升社会资本方积极性的根本所在。一方面，PPP 从蓬勃发展到如今的规范管理，是任何发展改革的必然之路。但是，由于 PPP 涉及重大的基础投资，一个项目的成败往往决定一个企业的命运，甚至严重影响国计民生。所以，适当的容错机制是必需的。特别是地方政府客观存在的提前进场等超常规运行模式，导致很多项目与现行的 PPP 政策冲突。很多项目被清理出库或被认定为违规，导致必然存在整改或停顿的问题，由此也搞得企业疲以应对，有的甚至陷入困局不能自拔。项目合规性的稳定也严重影响了项目的融资，不管是什么项目，只要涉嫌项目违规，融资就会受到严重影响。此外，影响 PPP 项目融资的因素，还有近年来民营企业在 PPP 领域的不景气。例如，有些企业承接了太多的 PPP 项目，造成资金链断裂，进一步导致金融企业向民营企业发放贷款太过谨慎，从而影响了民营企业对 PPP 项目的资金投放。而地方国有企业在能否作为 PPP 社会资本方这一问题上一直存在争议，有人甚至建议在 PPP 操作模式中直接规定地方国有企业不能作为社会资本方。但如果地方国有企业不能成为社会资本方，而中央企业前期又介入了过多的 PPP 项目，导致投资受到很大的限制，民营资本困难重重，那么由谁来投资 PPP 项目呢？因此，要提升公共服务供给，就必须解决这些难题。笔者建议，要保障已入库且正在实施的 PPP 项目的政策稳定性，应在金融融资方面充分予以保障，不能因为有问题，就采取简单的清库行为，同时要想保障项目落地，需把追责和保障项目落地分开。另一方面，融资难、融资贵也是影响 PPP 项目发展的重要因素。笔者认为，PPP 投资是公共服务投资，不是一般商业投资。对于 PPP 金融贷款，一是要从政策上予以保障，运用优惠利率、财政贴息等手段加大对基础设施与社会保障类 PPP 项目的融资支持力度，联合银保监会、证监会等制定相关保障政策和优惠措施，帮助社会资本方解决融资难问题。二是应积极推进 PPP 项目融资模式的创新，积极探索"PPP + 政府专项债券模式"，减轻项目融资压力。同时，应结合 PPP 项目特点，增加金融工具品种，如通过补充和完善相关立法，鼓励保险资金参与 PPP 项目等。

最后，在追求政府基础设施与社会保障 PPP 项目数量增加的同时，也要注重项目质量的提升，并应从提高项目绩效考核质量和项目信息公开质量两方面着手。第一，对于PPP项目来说，绩效考核是政府向社会资本方付费的主要依据，也是政府评价社会资本方提供公共服务质量和效率的依据。要提高政府基础设施与社会保障类PPP项目的质量，最有效的办法就是提高项目绩效考核的质量。笔者在实践中发现，目前PPP项目的绩效考核存在可操作性不强、考核目标不明确、考核内容设置不合理等问题。对政府基础设施与社会保障类PPP项目而言，一方面，要制定一个具备针对性和可操作性的PPP项目考核方案，充分考虑各个行业特点，设置合理细化的绩效考核指标，落实绩效考核责任主体，明确考核目标和依据，规范考核工作程序，明确政府付费与绩效考核之间的联系；另一方面，对直接关系人民群众切身利益的政府基础设施与社会保障类PPP项目而言，要把公众满意度作为一项重要的考核因素，并设置行之有效的考核办法。第二，当前我国PPP信息公开还存在不少问题，如公开不及时、公示信息不规范、项目库管理有待加强等。为提高PPP信息公开质量，笔者提出如下几点建议。一是增强地方政府信息公开意识，及时按照财政部和国家发展和改革委员会信息公开要求，上传公示信息。二是细化披露内容，不仅充分披露"两评一案"等关键信息，还要增加社会资本方、金融机构关心的地方政府一般公共预算支出，以及预测增长率、项目绩效考核办法、已落地项目每期绩效考核结果等关键信息。三是加强项目库管理，不仅要建立健全专人负责、持续跟踪、动态调整的常态化管理机制，还要及时将条件不符合、操作不规范、信息不完善的项目清理出库。同时，每次集中统一评审，采取随机抽取的方式从PPP项目专家库中任选专家对PPP项目进行考察，以保证评审结果的公平性。

（本文系笔者与汪耿超、冯阳共同撰写的《政府基础设施与社会保障PPP项目应用研究》，载于中央财经大学政信研究院主编：《中国PPP蓝皮书：中国PPP行业发展报告（2020）》，社会科学文献出版社2020年版，第272－279页。）

社会保障行业 PPP 项目应用研究

社会保障是指国家通过立法，积极动员社会各方面资源，保证无收入、低收入以及遭受各种意外灾害的公民能够维持生存，保障劳动者在年老、失业、患病、工伤、生育时的基本生活不受影响，同时根据经济和社会发展状况，逐步改善公共福利，提高国民生活质量。社会保障水平逐步提高是生产力发展的必然结果，也是衡量一种社会制度文明程度的重要标志。社会保障行业 PPP 应用可以充分调动社会力量参与社会保障基础设施建设和公共服务活动，解决社会保障资源供应不均衡、不充分的社会矛盾。所以，认真研究 PPP 在社会保障领域的应用，是关乎助力全面实现社会公平正义、全面建设小康社会、实现脱贫攻坚等重大政治任务的重要命题。本文从社会保障类 PPP 项目的基本属性、应用要点、风险识别和防控等方面展开应用研究。

一、社会保障类 PPP 项目的基本属性研究

社会保障类 PPP 项目具有法律的强制性、广泛的社会性、强烈的公益性、被保障群体的特定性、与社会发展程度的适应性、鲜明的政治性等特点。

第一，法律的强制性是指，社会保障是通过国家立法来确定的。这里的法律是广义的，既包括全国人民代表大会及其常务委员会颁布认可的法

律，也包括国务院颁布的行政法规，还包括国务院各部委颁布的规章，以及地方性法规、规章及其他规范性文件等。所以，社会保障类PPP项目具有法律的强制性和政策强制性。

第二，广泛的社会性是指，社会保障首先是国家义务，但单靠国家和政府的力量不能充分实现社会保障功能，还需要动员全社会一切可以动员的力量来参与社会保障活动。从这个角度讲，社会保障也是全社会的义务，具有广泛的社会性。

第三，强烈的公益性是指，社会保障关乎社会弱势群体的基本生存、生活权利保障，关乎社会公平正义。所以，社会保障类PPP项目的公益性区别于一般项目，公益性更强。

第四，被保障群体的特定性是指，社会保障是为了满足一定生产力条件下社会群体的最基本需求，这个最基本需求是由国家根据社会发展程度和生产力发展水平进行合理判断确定的。这个最基本水平定得太高不利于社会竞争发展，定得太低又不利于实现社会公平。在一个国家的基本社会制度下，最基本生存、生活水平的确定标准，也是不断发展、不断提高的。被保障对象一般是低于或接近于这个最基本水平的群体。

第五，与社会发展程度的适应性是指，一个国家、一个地方的社会保障制度的确立、社会保障群体的划分、社会保障边线的划定是根据社会的发展程度、国家和地方的生产力发展水平予以综合确定的。离开具体的社会发展程度和生产力发展水平来谈社会保障，就是无本之木、无源之水。

第六，鲜明的政治性是指，社会保障是衡量一种社会制度的优劣、社会文明程度高低的重要标志。我国是中国共产党领导的社会主义国家，中国共产党是人民利益的根本代表，始终关注人民的根本利益，始终关注最需要保障和救助群体的根本利益。所以，社会保障具有鲜明的政治性。

二、社会保障类 PPP 项目应用要点研究

为确保社会保障类 PPP 项目的功能实现，该类应用必须充分体现自身的基本特点。具体而言，该类 PPP 项目应用要把握如下要点。

第一，依法依规开展 PPP 项目的识别和实施。社会保障具有法律强制性，即社会保障的内容和标准是法律确定的。所以，社会保障类 PPP 项目在项目识别和实施时要依法依规进行，要依法制定保障类别、保障标准、保障对象，做到依法保障。

第二，社会评价、公众评价须作为物有所值评价的重要指标。社会保障是强公益性质的社会服务项目，公众评价、社会评价高低是衡量该类 PPP 项目物有所值的重要标准。在对该类项目进行物有所值评价时，一定要加强公众评价、社会评价的权重，把公众满意度、社会满意度作为识别项目的重要指标。

第三，实现项目完全充分的公开。PPP 项目的识别、实施过程要全程公开，这是由 PPP 项目的公益性决定的，PPP 项目要全程接受社会的监督。社会保障类 PPP 项目具有更加强烈的公益性，必须实现完全充分的公开，充分接受社会和公众的监督。特别是在保障水平的确认、保障对象的确定等具体环节中，要广泛征求民意，完全充分地接受社会公众监督。

第四，保障水平要与社会发展程度和生产力发展水平相适应。政府围绕我国的社会发展程度和生产力发展水平，规定了相应的社会保障类别、水平、对象。同时，法律也赋予地方政府可以根据地方财力水平在不低于国家最低保障水平的情况下，根据地方实际合理调节保障水平的权力。我们在对社会保障类 PPP 项目识别时，既要参照国家保障水平，又要根据地方经济发展实际，实事求是地科学制定保障标准、确定保障对象，做到保障水平符合法律要求，又与地方的社会发展水平、生产力发展水平相

适应。

第五，要以政府付费和可行性缺口补助为主要付费模式。社会保障不仅是国家和政府的责任，还是全社会的共同责任。社会保障类 PPP 项目的性质决定了该类项目的零收益或低收益，决定了该类项目必须采用政府付费或可行性缺口补助。这里强调社会保障类 PPP 项目采用政府付费或可行性缺口补助，是为了保障该类项目的公益性不受损害，即我们不能因为追求项目获利而弱化社会保障类 PPP 项目的公益性。社会保障类项目的审核、评审，一定要把项目付费模式作为一个重点要素。

第六，注意转移支付资金的争取及使用。社会保障类 PPP 项目是国家重点保障的民生工程，中央、省、市、县各级预算每年都会安排专项资金予以重点保障，也会根据社会发展和紧急情况进行预算调节以安排资金。所以，社会保障类 PPP 项目要注意转移资金的争取和应用，积极争取资金来支持地方项目，预留转移支付资金的使用空间。不能因为项目采用了 PPP 模式，就影响转移支付资金的使用，更不能造成转移支付资金使用不当，违背相关专项资金的使用规定。

第七，注意社会资助资金的争取及使用。社会保障是全社会的共同责任，国家和地方政府应当动员全社会力量做好社会保障工作。社会保障类项目采用 PPP 模式实施，并没有改变社会保障项目的性质。不能因为采用了 PPP 模式，就单纯依靠政府付费。只有充分依靠社会力量，才能广开财源，做好社会保障工作。所以，在社会保障类 PPP 项目实施时，要注意广泛动员社会力量参与，并且要全生命周期参与。在项目论证和制定方案时，要注意依法、科学、合理地设计好社会资金的进入通道和使用方法。

第八，高度重视全过程绩效监控和绩效评价。社会保障类 PPP 项目进行全过程绩效监控和绩效评价，具有重要的意义。因为社会保障不是普通的民生工程，它是最基本的民生保障，社会保障类 PPP 项目做不好，就会影响被保障对象的生存权。所以，应高度重视全过程绩效监控和绩效评价，注意发现影响项目运营的因素、事件并及时处理，防止影响项目运营的重大事件发生。

第九，注意社会保障资源分配的公平性。社会保障是国家对特定群体、特定对象的最基本的权利保障，是国家实现社会公平的最重要手段。社会保障资源分配是关乎社会公平的重大问题，关乎特定群体生存权的保障，社会保障资源的分配一定要依法、公平，否则会造成恶劣的社会影响和后果。社会保障类 PPP 项目由社会资本方运营，是一种新的社会保障资源供应模式，在这种模式下，社会资本在某种程度上会影响社会保障资源的供应，比如过去出现的开发商操纵保障房买卖、影响保障房公平分配的问题，就造成了不良的社会后果。所以，一定要注意在内容和形式等方面确保社会保障资源公平分配。

第十，注意防范社会风险和政治风险。社会保障类 PPP 项目的政治和社会属性决定了社会保障类 PPP 项目要高度重视防范社会风险和政治风险。要在 PPP 项目实施方案中重点考虑可能发生的社会风险、政治风险及相关的应对措施，制订应对预案，科学防范。

第十一，根据项目实际切实做好提前终止预案。PPP 项目实施方案都要规定关于项目提前终止的条款，这是由 PPP 项目的公益性决定的。特别强调的是，社会保障类 PPP 项目具有强烈的公益性（国家对特定群体的生存权等的保障），一旦有危及项目运营根本的情形发生，政府就必须直接介入并采取替代措施。因而，在社会保障类 PPP 项目方案和合同中，制订详尽的、符合实际的提前终止预案，十分重要。

三、社会保障类 PPP 项目应用风险防控问题研究

社会保障类 PPP 项目应用风险防控的问题，主要体现在以下五方面。

第一，防止脱离法律、政策和地方实际开展新项目。

社会保障是国家根据社会发展程度及生产力发展水平对特定群体的最基本的权利保障，对此国家和地方有明确的法律及政策规定。我们不能脱离法律、政策和社会发展的实际，去开展一些"洋项目"。离开了法律、政策的规定，我们就没有合法依据；离开了地方社会发展的实际，社会保障类项目就不具有可持续性。

第二，防止脱离实际，一味采用使用者付费模式。

社会保障类 PPP 项目的收益一般不能满足项目资金的平衡需求。但是，有些地方政府为了包装项目，硬是把一些社会保障类项目包装成使用者付费或缺口补助项目，这样做的危害是很大的，项目后期运营必然受到重大影响，损害社会保障功能的发挥，进而不利于社会保障对象的权利实现，破坏党和政府的形象，影响社会稳定。

第三，防止注重建设，轻视管理运营。

PPP 项目的功能指向的是公共产品的创新供应，社会保障类 PPP 项目的重点是社会保障产品的供应。做不好运营工作，就不能保证社会保障产品的数量和质量。我们要防止那种重视建设而忽视运营的做法，要既做好建设，又注意运营。只有运营好了，党和政府的好政策才能真正落到实处。

第四，防止政府管理缺失，造成社会保障资源的分配不公。

社会保障是政策性和法律性很强的一项工作，社会保障必须做到依法、公平、公正。在传统的社会保障项目中，政府全过程参与管理，尚存在各种各样的问题。例如，社会保障资源流入市场赚钱、社会保障资源被挪用等问题。在社会保障类 PPP 项目中，供应方式、监管模式都发生了改变，有可能会出现各种漏洞。对此，我们一定要加强对社会保障资源分配的行政监管，研究 PPP 模式下可能出现的新问题；强化合同管理，防止政府管理缺失，避免社会保障资源分配不公的问题发生。

第五，防止政府隐性债务的发生。

防止借 PPP 政府隐性举债是 PPP 发展行稳致远的关键，社会保障类 PPP 项目也不例外，这是 PPP 的共性问题。

（本文系笔者与汪耿超、张玉共同撰写的《中国社会保障行业 PPP 应用研究》，载于马海涛主编：《中国蓝皮书：中国 PPP 行业发展报告（2021）》，社会科学文献出版社 2021 年版，第 266 - 272 页。）

存量 PPP 项目应用规范性问题研究

2022 年 4 月 26 日，习近平总书记在中央财经委员会第十一次会议上强调，要推动政府和社会资本合作（PPP）模式规范发展、阳光运行，引导社会资本参与市政设施投资运营，为今后我国政府和社会资本合作（PPP）进行了总体定调并指明了方向。① 存量 PPP 项目的应用可以有效地盘活政府存量资产，化解地方政府债务，转化政府职能，提高公共服务效能，实现公共服务增量有效提升，进一步解决我国地方政府债务负荷过重、财力制约基础设施投资瓶颈等问题。财政部 92 号文第 2 条规定，各级财政部门应认真落实相关法律法规及政策要求，对新申请纳入项目管理库的项目进行严格把关，优先支持存量项目，审慎开展政府付费类项目，确保入库项目质量。所以，存量 PPP 项目在整个 PPP 应用中，占据十分重要的地位。然而，从近几年存量 PPP 项目的实际情况看，存量 PPP 项目应用存在的问题还比较突出，特别是存量 PPP 项目的规范性问题反映最为强烈。例如，有些职能部门和专家学者甚至质疑存量 PPP 项目应用是否虚增地方政府收入，构成地方政府隐性债务等。

因此，对存量 PPP 项目应用的规范性问题研究，可以充分总结存量 PPP 项目应用的经验教训，从而以问题为导向，切中问题短板，采取行之

---

① 参见《习近平主持召开中央财经委员会第十一次会议》，载中国政府网，https://www.gov.cn/xinwen/2022 - 04/26/content_ 5687372. htm，2022 年 5 月 13 日访问。

有效的规范措施，实现存量 PPP 项目的"规范发展、阳光运行"。对存量 PPP 项目应用的规范性问题进行深入研究是现实的实际需求，更是深入贯彻习近平总书记实现存量 PPP 项目"规范发展，阳光运行"指示，助力中央财经委员会第十一次会议提出的基础设施投资任务完成的需要，具有重要的现实意义和深远的政治意义。

一、存量 PPP 项目的定义

何为存量 PPP 项目？在我国，目前对存量 PPP 并没有统一、完整的定义，专家、学者、管理部门等对此有多种不同的解释。财政部 PPP 专家杨捷认为，存量 PPP 是指已建成或已运营的项目，采用 PPP 实施的一种模式，通常有委托运营、管理合同、转让—运营—移交（TOT）、改建—运营—移交（ROT）、转让—拥有—运营（TOO）等模式。财政部 PPP 专家曹珊认为，在我国 PPP 项目的发展历程中，存量 PPP 项目的概念是一个动态变化的过程。在 PPP 模式的推广初期，存量 PPP 项目多是为了盘活存量资产而采用 PPP 模式开展的项目，这类项目的前身往往是采用 BT 模式或特许经营模式开展的基础设施项目。[①] 财政部 PPP 专家徐向东认为，存量 PPP 项目的核心是合作期开始后，项目公司（社会资本方）即有运营现金流收入。按照这个定位，无论是政府方委托运营（O&M）、政府方要求项目公司（社会资本方）提供服务（MC）、政府方签署租赁合同由项目公司（社会资本方）进行运营维护（LOT）、政府方资产转让或者授予经营权最后再反向移交（TOT、TOOT、ROT、ROOT）、政府方资产转让并不再反向移交（TOO）等，都是存量 PPP 项目的具体运作方式。存量 PPP 项目具体方式与项目公司（社会资本方）是否拥有资产的所有权，

---

① 《【专家库交流实录】存量 PPP 项目应该如何设置运作方式？有哪些具体的相关建议？》，载微信公众号"道 PPP"，2020 年 9 月 15 日发布。

其实关系并不大，只要项目公司（社会资本方）在合作期一开始就有运营现金流收入即可，这种现金流收入可以通过委托、租赁、买卖、转让等多种方式获取。因此，不应该排除政府方签署租赁合同由项目公司（社会资本方）进行运营维护（LOT）等方式。①

　　笔者认为，存量 PPP 项目是与新建 PPP 项目相对应的一个概念。以项目是否为新建作为判断依据，将 PPP 项目分为新建项目和存量项目，这一划分标准揭示了存量项目的基本内涵和本质特征，也便于围绕其特质展开如何科学设置运作模式的研究。上述种种关于存量 PPP 的不同定义和理解，多方面反映了存量 PPP 探索发展阶段关于存量 PPP 本质的揭示和理解。但是，学术界、实务界、管理界对存量 PPP 定义的不同理解，势必导致存量 PPP 项目应用会产生乱象，甚至背离 PPP 的本源。因此，存量 PPP 的定义应当准确揭示其本质属性，国家相关职能部门应当总结学术界、实务界、管理界关于存量 PPP 定义研究的成果和不足，并在相关法律和规范性文件中作出规定，科学界定存量 PPP 的内涵和外延。而在有关存量 PPP 定义的国家规范尚未正式出台之前，学术界、实务界应该对其本质属性及时进行归纳梳理，以便于在实务中把握其本质属性。同时，这也有利于对其规范性问题进行逻辑分类，便于规则对照和适用。综合上述观点，笔者尝试对存量 PPP 的本质属性作如下归纳。

　　首先，存量 PPP 项目的存量资产须是地方政府拥有的国有资产，其是指地方政府通过行政机关、事业单位、国有融资平台等投资、负债、划拨等形成的或法律规定归属于其的国有资产。政府融资平台负债形成的资产一般视为政府隐性负债形成的资产，融资平台市场化转型后的国有资产应视为企业资产，不能直接作为存量 PPP 项目资产。国有企业的企业资产亦不能作为存量 PPP 项目资产，该资产须是已经实际投资建设完成，

---

① 《【专家库交流实录】存量 PPP 项目应该如何设置运作方式？有哪些具体的相关建议？》，载微信公众号"道 PPP"，2020 年 9 月 15 日发布。

具有完整的使用功能。①

其次，存量 PPP 是公共产品的创新提供模式，其目的是有效盘活政府存量资产，增加公共产品的供给能力，转化政府职能。不能因为 PPP 而虚增政府收入，形成政府债务。所以，存量 PPP 项目是地方政府国有资产的形态转化和权属的分离运用。如 TOT 项目中，政府固定资产、股权资产等转化为货币资产，有效盘活了存量资产。委托运营、合同管理是所有权与经营权等相分离，有利于优化公共服务，转变政府职能。存量 PPP 项目应用不应理解为地方政府举债融资，因为《预算法》规定地方政府债权为地方政府的唯一举债通道。

最后，存量 PPP 应该是能够通过本身产生的现金流或主要依靠项目本身的现金流覆盖项目的付费，其主流应该是使用者付费或缺口性补助，政府付费性项目本身不产生现金流，其 PPP 转化类似一种以转让合同为担保形式的借款合同，有可能构成虚增政府收入和政府隐性负债。

二、存量 PPP 项目应用适用规则研究

存量 PPP 项目应用只有严格遵循法律规则，才能做到依法实施，规范实施。

首先，存量资产 PPP 项目应用是国有资产的一种交易模式，应当遵循国有资产交易管理的相关规定。2016 年，国务院国有资产监督管理委员会、财政部出台的《企业国有资产交易监督管理办法》第 2 条规定："企业国有资产交易应当遵守国家法律法规和政策规定，有利于国有经济布局和结构调整优化，充分发挥市场配置资源作用，遵循等价有偿和公开公平公正的原则，在依法设立的产权交易机构中公开进行，国家法律法规

---

① 《【专家库交流实录】存量 PPP 项目应该如何设置运作方式？有哪些具体的相关建议？》，载微信公众号"道 PPP"，2020 年 9 月 15 日发布。

另有规定的从其规定。"第 13 条规定:"产权转让原则上通过产权市场公开进行……"第 62 条规定:"政府部门、机构、事业单位持有的企业国有资产交易,按照现行监管体制,比照本办法管理。"财政部《行政单位国有资产管理暂行办法》(2017 年修正)第 32 条规定:"行政单位国有资产处置应当按照公开、公正、公平的原则进行。资产的出售与置换应当采取拍卖、招投标、协议转让及国家法律、行政法规规定的其他方式进行。"财政部《事业单位国有资产管理暂行办法》(2019 年修正)第 28 条规定:"事业单位国有资产处置应当遵循公开、公正、公平的原则。事业单位出售、出让、转让、变卖资产数量较多或者价值较高的,应当通过拍卖等市场竞价方式公开处置。"从上述规定来看,存量 PPP 项目涉及国有资产转让应当公开进行并进场交易,且存量 PPP 资产交易还应当通过科学评估,确定交易底价。财政部 PPP 专家丘开浪认为,PPP 存量项目中,不论其构成内容是在建工程,还是固定资产或无形资产,抑或是资产组,也不论其是资产所有权的转让,还是资产经营权的转让,只要是涉及国有资产的转让,根据《中华人民共和国资产评估法》《中华人民共和国企业国有资产法》以及《国有资产评估管理办法》的有关规定,就属于法定评估事项。[1]

其次,存量 PPP 项目应用要遵守《预算法》和国家地方政府相关债务管理的规定。存量 PPP 项目虽然不是直接举债,但是由其产生的政府支出责任与政府债务之间的联系和区别,历来是管理界争论的一个焦点问题。不规范的政府支出责任,本质上就是政府债务。

再次,要严格执行《政府采购法》《政府投资条例》《招标投标法》等关于采购管理、投资管理的规定,防止存量 PPP 应用触碰法律红线。

---

[1] 《【专家库交流实录】存量公共资产采用 PPP 模式如何在采购阶段利用存量资产评估报告进行交易定价?若未开展存量资产评估将存在哪些影响?》,载微信公众号"道 PPP",2019 年 7 月 30 日发布。

最后，要严格执行财政部、国家发展和改革委员会等国家部委关于PPP 管理的各项规范。由于我国目前还缺少行政法规以上层面的 PPP 法律，国家部委的 PPP 规范就是中共中央、国务院关于 PPP 运作的精神的具体体现。

三、存量 PPP 项目应用中存在的规范性问题

笔者认为，目前存量 PPP 项目应用，存在如下突出问题。

第一，存量 PPP 项目应用模式选择不当问题。

存量 PPP 项目应用通常有以下多种运作方式。一是委托运营，即将存量公共资产的运营维护职责委托给社会资本方或项目公司。政府保留资产所有权，只向社会资本方或项目公司支付委托运营费。二是管理合同，即将存量公共资产的运营、维护及用户服务职责授权给社会资本方或项目公司的项目运作方式。政府保留资产所有权，只向社会资本方或项目公司支付管理费。三是转让—运营—移交（TOT），即将存量资产所有权或未来年度的经营权有偿转让给社会资本方或项目公司，并由其负责运营、维护和用户服务，合同期满后资产及其所有权等移交给政府的项目运作方式。四是改建—运营—移交（ROT），即在 TOT 模式的基础上，增加改扩建内容的项目运作方式。五是转让—拥有—运营（TOO），即将存量资产所有权有偿转让给社会资本方或项目公司，项目公司拥有项目的产权，并负责运营、维护和用户服务，不涉及项目的最终移交，应该与股权转让类似。

那么，存量 PPP 项目适合采用何种模式呢？财政部 PPP 专家周兰萍认为，选择具体运作方式时，应当充分考虑存量 PPP 项目的特性。对于存量 PPP 项目，应当结合项目是否具备经营性、资产权属是否清晰、项目权属或权益转让是否易于操作、项目实施成本及税负差异等方面因素进行综合考虑后，再确定适合的具体运作方式。例如，对于供排水、垃圾处理、

收费公路等权属清晰、经营性较强的存量 PPP 项目，更适宜采取 TOT、ROT 等运作方式；而对于非经营性的存量市政道路等项目，因其资产"所有权转让"并不具备明确的法理依据，而"经营权转让"实际上又缺少与该权能相对应的使用者付费来源基础，采取委托运营类的运作方式更为适宜。财政部 PPP 专家何涛认为，关于运作模式的选择，取决于实际政府的需求，如果是希望引入先进的运营主体，提高区域公共服务事业的运营效率和经营效果，则可以直接采用委托运营的方式或者 ROT 的方式；如果除上述需求外，更需要盘活存量资产、融通资金来解决其他项目建设财政支出的资金缺口，则 TOT 的方式是最佳选择。[①] 财政部 PPP 专家王勇认为，积极运用 TOT、ROT 等方式，将融资平台公司存量公共服务项目转型为 PPP 项目，引入社会资本参与改造和运营，在征得债权人同意的前提下，将政府性债务转换为非政府性债务，减轻地方政府的债务压力，腾出资金用于重点民生项目建设。重点推进符合条件的融资平台公司存量项目，通过 TOT、ROT 等方式转型为 PPP 项目。对合同变更成本高，融资结构调整成本高，原债权人不同意转换，不能化解政府性债务风险、降低债务成本和实现"物有所值"的项目，建议不予受理。对拟采取 PPP 模式的存量基础设施项目，根据项目特点和具体情况，可通过 TOT、ROT、TOO、委托运营、股权合作等多种方式，将项目的资产所有权、股权、经营权、收费权等转让给社会资本方。PPP 模式适用于能源、交通、市政、医疗卫生、养老、环保、城镇开发等不同行业领域；涵盖资产转让、改扩建、运营、移交等项目全生命周期风险分配、权责分担和收益分享；涉及政府、社会资本方、金融机构、建设单位、社会公众等各参与方的权益；分布全国各地，地域特征明显。应综合考虑以上因素并结合项目回报方式、定价机制、收益水平、风险分配、融资需求、改扩建需求和期满处置

[①] 《【专家库交流实录】存量 PPP 项目应该如何设置运作方式？有哪些具体的相关建议？》，载微信公众号"道 PPP"，2020 年 9 月 15 日发布。

等实际情况，合理选择运作方式。

笔者认为，存量 PPP 资产按项目的资产权属可以分为政府资产、政府全资或控股的国有企业资产两大类。对于第一种资产，政府具有直接的所有权，可以直接处置，这类资产在存量资产 PPP 转换时可以直接提供转让项目资产的所有权、使用权、收益权等，直接进行 PPP 转化的运作。对于第二种资产，政府并不当然地拥有资产的所有权，政府应当通过其所有的股权来行使权利，而不能对其资产进行直接处置。这种情况下的资产 PPP 转化只能通过转让相应的国有股权进行。实务中，很多存量 PPP 项目将国有企业中的资产直接进行所有权、经营权等转让是错误的，甚至是违法的。[①] 应结合存量 PPP 资产的权属、性质、现金流、政府需求、社会需求、人民满意度等多方面因素，予以综合考虑，而不能为了增加政府融资，一律采用 TOT 模式。

第二，存量 PPP 项目应用转让资产权属不清晰问题。

存量 PPP 项目通过资产转让的存量资产对权属要求如何呢？一般来讲，进入市场交易的资产应该产权清晰，若为不动产，则应该有完整的资产权属登记，因为只有登记权人才有资格转让该资产。事实上，存量 PPP 转让的资产要达到该权属要求的标准很难。地方政府用于存量 PPP 转化的资产通常并没有权属登记，有的项目立项、规划、用地、建设许可、竣工验收等手续都缺失，有的甚至是国有企业资产，其相关手续均登记在国有企业名下。这是当前存量 PPP 项目应用的现状。对存量 PPP 资产的权属规定是规范存量 PPP 项目应用的重要要求，但不符合实际的权属规定标准会导致存量 PPP 项目无法开展实施，因为一旦采用严格的登记标准，就很少有符合要求的项目。笔者认为，存量 PPP 项目对存量资产权属的要求要严格把握，但不能要求绝对符合严格的登记标准。对于那些建设手

---

① 《【专家库交流实录】存量 PPP 项目应该如何设置运作方式？有哪些具体的相关建议?》，载微信公众号"道 PPP"，2020 年 9 月 15 日发布。

续齐全、权属清晰、债权债务妥善处置、职工安置等工作已经完成或具有切实可行方案的项目，也可以采用存量PPP项目应用。但是，对于产权本身有争议，相关的立项、规划、用地、建设许可、竣工验收等手续都缺失的项目，坚决不能采用存量PPP模式。

第三，存量PPP项目应用对债权人利益保护缺失问题。

存量PPP项目应用中对债权人利益损害问题比较突出。例如，有的地方政府在征求债权人意见，不对债权依法清偿或担保的情况下，将国有公司的资产直接作为存量资产进行TOT转化，导致有关公司的债务悬空。岂不知国有企业资产不同于国有资产，是不能直接进行TOT转化的。政府并不当然地拥有国有企业资产的所有权，政府应当通过其持有的股权来行使权利，而不能对其资产进行直接处置。这种情况下的PPP资产转化只能通过转让相应的国有股权进行。实务中，很多存量PPP项目将国有企业中的资产所有权、经营权等直接进行转让的做法是错误的，甚至是违法的。[①] 存量PPP项目应用必须对国有企业中的债务依法清理，对债权人的债权进行妥善处置。

第四，存量PPP项目应用对职工利益保护不到位问题。

《中华人民共和国劳动法》规定企业改制涉及职工合法权益的，应听取企业职工代表大会的意见；对职工安置等事项，应经职工代表大会审议通过。职工安置方案应经企业所在地的劳动保障行政部门审核。存量PPP项目应用中的另一个重要问题，就是没有很好地对职工安置等问题进行妥善处置。例如，在有的存量PPP项目方案中，根本就没有对职工的安置方案，或者一笔带过，缺乏切实可行的制度安排和资金保障。因此，笔者建议，存量PPP项目应当对职工安置作出切实可行且详尽的规定，并履行相应的民主表决和报批程序。

---

① 《【专家库交流实录】存量PPP项目应该如何设置运作方式？有哪些具体的相关建议？》，载微信公众号"道PPP"，2020年9月15日发布。

第五，存量 PPP 项目应用交易定价不规范的问题。

存量 PPP 项目涉及国有资产（所有权或经营权）的转让，为保证国有资产的保值增值，确保 PPP 项目的公平、公正，应当科学、合理、依法确定交易底价和交易价。财政部 92 号文规定，"涉及国有资产权益转移的存量项目未按规定履行相关国有资产审批、评估手续的"，不得入库。实践中，资产评估机构对存量资产的评估通常是指对资产所有权的价值评估，而针对资产经营权有偿"转让"涉及的资产评估相对不成熟，包括评估依据及评估方法都未达成共识及形成统一标准。① 实践中，许多存量 PPP 项目采用转让经营权的模式进行，但是评估报告却是对所有权的评估。对通过转让经营权形式的存量 PPP 项目不应该以所有权的评估报告为依据。② 资产评估常见的评估方法包括成本法、市场法、收益法及实物期权法等，其中收益法的分析思路与 PPP 模式投资逻辑的契合度高。

关于存量资产在 PPP 采购环节的交易定价，根据国有资产交易的相关规定，存量资产交易定价依据以下方式进行。一是通过产权交易机构定价。企业国有资产通过产权交易机构定价，行政事业单位资产比照执行。采取信息预披露和正式披露相结合的方式，通过产权交易机构网站分阶段对外披露产权转让信息，公开征集受让方。产权转让项目首次正式信息披露的转让底价，不得低于经核准或备案的转让标的评估结果。信息披露期满未征集到意向受让方的，可以延期或在降低转让底价、变更受让条件后重新进行信息披露。降低转让底价或变更受让条件后重新披露信息的，披露时间不得少于 20 个工作日。新的转让底价低于评估结果的 90% 时，应当经转让行为批准单位书面同意。项目自首次正式披露信息之日起超过

---

① 《【专家库交流实录】存量公共资产采用 PPP 模式如何在采购阶段利用存量资产评估报告进行交易定价？若未开展存量资产评估将存在哪些影响？》，载微信公众号"道 PPP"，2019 年 7 月 30 日发布。

② 《【专家库交流实录】存量 PPP 项目应该如何设置运作方式？有哪些具体的相关建议？》，载微信公众号"道 PPP"，2020 年 9 月 15 日发布。

12 个月未征集到合格受让方的，应当重新履行审计、资产评估以及信息披露等产权转让工作程序。二是通过市场测试方式定价。结合 PPP 项目的市场测试流程，对行政事业单位存量资产价值进行市场测试。其定价比照产权交易机构定价要求，即市场测试的首次定价不得低于经核准或备案的转让标的评估结果。新的转让底价低于评估结果的 90% 时，应当经转让行为批准单位书面同意。自评估基准日起超过 12 个月未征集到合格受让方的，应当重新履行审计、资产评估等产权转让工作程序。三是产权交易机构（或市场测试）的最终定价作为 PPP 项目采购阶段存量资产的竞标底价。[①]

第六，存量 PPP 项目应用虚增政府收入，形成政府隐性债务问题。

通过 PPP 增加政府隐性债务，是令人最为担心的事情。笔者认为，从理论上讲，存量 PPP 项目应用是政府资产形态的一种转化，通过资产所有或使用主体的改变实现了资产形态的改变，其总价值是不应该改变的，只要运作规范，就不会虚增政府收入，形成政府隐性债务。存量 PPP 应用之所以会引起大家这么强烈的担忧，是部分地方政府滥用存量 PPP 模式所致，存量 PPP 项目应用必须直面其存在的实际问题，通过规范运作，切实防范虚增政府收入、形成政府隐性债务的情形发生。例如，以存量资产是否具有运营价值为标准，可以分为具有运营价值的 PPP 资产和不具有运营价值的 PPP 资产。实务中，有的地方政府把即将淘汰废弃的基础设施进行存量资产 PPP 转化，但这种转化并不能实现 PPP 提供公共产品之功能，是违规行为，是变相的违规举债。[②] 地方国有企业的国有资产，主要靠企业举债融资形成，政府拥有的是国有企业的股权，并不是资产所有

---

① 《【专家库交流实录】存量公共资产采用 PPP 模式如何在采购阶段利用存量资产评估报告进行交易定价？若未开展存量资产评估将存在哪些影响？》，载微信公众号"道 PPP"，2019 年 7 月 30 日发布。

② 《【专家库交流实录】存量 PPP 项目应该如何设置运作方式？有哪些具体的相关建议?》，载微信公众号"道 PPP"，2020 年 9 月 15 日发布。

权。有的地方政府甚至将债务和职工安置抛开，直接将公司资产采用 TOT 模式转化，这种行为实际上虚增了政府收入，形成了政府的隐性债务。此外，有的项目在对存量 PPP 应用时，用成本法评估资产，转让的却是经营权，导致直接抬高转让价，事实上虚增了政府收入，增加了政府隐性债务。采用 TOT 模式的项目应该主要是本身能够产生现金流的项目，其本身产生的现金流能够覆盖项目全生命周期，或者通过适当补贴能够覆盖。换言之，采用 TOT 模式的项目应重点应用于使用者付费和可行性缺口补助项目，或者以"政府付费形式表现的使用者付费项目"。这些项目一般不会形成政府隐性债务。但是，有的地方政府却将使用者付费项目滥用，比如在某些污水处理和自来水项目中，地方政府把多年形成的管网全部或大部分打入项目包，甚至将废弃使用的一些管网也打包进来，从而形成"头重脚轻"的局面，变相抬高了转让价格，最终导致虚增政府收入，形成政府隐性债务。

第七，存量 PPP 项目应用税费问题。

有专家学者提出，存量 PPP 项目应用税赋过重。笔者认为，存量 PPP 项目由于存在资产转让，且通常至少有两次交易，而我国的主要税种通常是结合交易行为征收，这在理论上必然会产生较多的税费支出。但是，在存量 PPP 项目实务中，很少有实际转让资产所有权的情况，因为存量 PPP 特别是 TOT、ROT 等运营期满后，资产还要移交政府，而所有权的过户对社会资本并没有太大的实际意义，绝大多数通过转让经营权和股权来实现。这样的转让行为，一方面，降低了交易价，并进而降低应税额；另一方面，由于资产所有权本身不转让，不需要过户登记，避免了资产过户带来的税费问题。所以，存量 PPP 项目应用事实上并不存在税费过重的问题。

第八，存量 PPP 项目应用预算收支问题。

存量 PPP 项目应用会发生国有资产交易收入，按照《预算法》及其实施条例的规定，该项收入应该列入国有资本经营收益，其支出应该作为国有资本投资和安置补偿国有企业职工等支出，而不应直接作为一般公共预算收入，用于一般公共预算支出。

四、总结

通过以上分析，笔者认为，存量PPP项目应用是盘活政府资产、化解地方政府债务、转化政府职能、消除地方政府投资瓶颈的有效模式，是创新驱动的重要手段。存量PPP项目存在的问题是操作层面的不完善和不规范所导致的，在发展过程中需要进一步克服解决。我们要正视这些问题，规范操作，阳光运行。对此，我们有必要组织起草、颁布"存量PPP操作规范"，严格按规范要求识别、实施存量PPP项目，严格按照入库标准审核项目，加强项目的公开透明度，接受社会各界的广泛监督。最终让存量PPP项目应用有规可依，严格守规，透明操作，实现规范治理，形成健康、可持续发展的良好态势。

（本文系笔者与安秀梅、汪耿超共同撰写的《存量PPP项目资产转让与特许经营权转让问题研究》①，载于中央财经大学政信研究院主编：《中国PPP蓝皮书：中国PPP行业发展报告（2022）》，社会科学文献出版社2023年版，第267－277页。）

---

① 该篇研究报告对本文内容有所删减和修改。

PPP 与地方政府债务化解应用研究

党的十九大报告指出，要坚决打好防范化解重大风险、精准脱贫、污染防治三大攻坚战。其中，防范化解重大风险为三大攻坚战之首，为实现全面建成小康社会的目标，维护社会和谐稳定，各地都要守住不发生系统性金融风险的底线。然而，截至目前，地方政府债务问题依然存在，地方政府财政压力过大与社会对基础设施和公共服务需求不断增长之间的矛盾依旧突出。自 2014 年国家大力推广 PPP 到现在，PPP 实现了从蓬勃发展到规范运行的转变，各地 PPP 项目新增数量骤减。但是，笔者认为，规范是为了实现更好的发展，PPP 会在规范后进一步蓬勃发展，因为它不仅是供给侧结构性改革补短板的重要内容，具有创新驱动属性，还是增加基础设施和公共服务供给的重要手段、有效化解地方政府债务的重要途径、防范化解重大金融风险的重要抓手。

一、PPP 模式化解地方政府债务的基本原理

PPP 模式在化解地方政府债务方面，可以从以下几个路径着手分析。

（一）地方政府债务的概念及分类

地方政府债务是指，地方政府负有直接清偿责任，或者虽没有直接清偿责任，但基于政府对公共管理的义务和维护社会管理的需求，应当予以清偿或救济的债务。

根据分类标准的不同，地方政府债务有多种类型。按表现形态，地方政府债务可以分为显性债务和隐性债务。其中，显性债务是指地方政府通过预算采购和发行债券等在债务会计主体上直接反映的政府债务，也称为系统内债务；隐性债务是指在政府会计主体上没有反映，但政府负有实际清偿义务或救济义务，需要用公共财力来予以清偿的债务。从债务性质上看，地方政府债务可以分为合法债务和违法债务。2014 年，《国务院关于加强地方政府性债务管理的意见》（国发〔2014〕43 号）出台，同年《预算法》进行第一次修正，均规定了地方政府通过省、自治区、直辖市政府发行地方政府债券，是其唯一的举债通道。所以，就目前而言，地方政府债券是地方政府唯一合法的债务。另外，截至 2014 年 12 月 31 日，经审计署审计确认的各地方政府存量债务也属于合法债务，该债务绝大多数已通过发行地方政府专项债券予以置换。个别地区因为对存量债务识别工作的重要性认识不足，对大量存量债务范围内的债务没有予以识别，也就无法通过专项政府债券进行置换，导致大量存量债务至今仍在体制外循环，形成困扰地方政府财政的重大问题。

另外，根据债务的确定性，地方政府债务可以分为直接债务和或然债务。其中，直接债务是指债务发生时，依据举债规则，政府的举债责任和范围确定的债务；或然债务是指通过政府担保、政府承诺或政府相关融资平台等举债，将来政府应当承担的债务金额不确定。例如，政府担保，要根据主债务人的清偿情况决定政府的清偿金额；政府融资平台的欠款，要基于平台的债务清偿情况而定，政府对政府融资平台不能清偿的部分负有清偿义务。

根据地方政府债务形成的途径，其还可以分为政府直接负债、通过地方政府融资平台负债，以及通过政府购买服务负债、通过 BT 项目负债、通过伪 PPP 负债、通过政府基金负债（约定政府兜底和回购）等。

通过上述对地方政府债务进行的分类比较，可以摸清地方政府债务的规律性，便于研究相关化解方案。

（二）化解地方政府债务重点分析

地方政府债务化解的重点在于地方政府的违规负债和系统外负债，而地方政府合法负债和系统内负债是不需要化解的。具体而言，应当化解的债务包括：地方政府的系统外直接举债、违法担保承诺负债，以及通过政府购买服务、BT、伪PPP、承诺兜底和回购的基金等形成的负债，这些负债主要集中在政府对基础设施和公共服务的投资领域。

（三）化解地方政府债务的重要性分析

地方政府债务的形成是个长期过程，1994年出台的《预算法》规定地方政府不得举债，而地方政府有较大的投资压力，于是通过地方政府融资平台举债，也有部分省份通过财政部发行地方债，当时地方债务体系尚未建立，政府性债务是特定历史阶段的产物。另外，地方政府还习惯通过BT模式进行基础设施建设，BT模式是由社会资本方代建基础设施，政府按照契约约定在一定期间分期回购的模式。这种模式使政府债务在体制外循环，形成了地方政府债务黑洞。该模式在2014年修正《预算法》后，已经被制止，因为2014年修正《预算法》后规定地方政府债务要全部列入地方政府预算，该举债方式形成的债务在预算外循环，所以其在根本上属于违规债务。政府购买服务是地方政府习惯采用的一种违规举债方式。2013年《国务院办公厅关于政府向社会力量购买服务的指导意见》（国办发〔2013〕96号）规定政府可以向社会合格供应商购买服务，这里的购买服务主要是指政府采购中的服务类项目，而向符合条件的社会供应商采购的目的是优化政府的服务职能，提高财政资金的使用效力。但很多地方政府无限扩大政府购买服务的外延，把工程、货物也列入服务的购买范围，形成了许多系统外债务。为了制止通过政府购买服务违规举债，财政部发布《关于坚决制止地方以政府购买服务名义违法违规融资的通知》（财预〔2017〕87号，以下简称财政部87号文），由此政府购买服务违规举债开始受到有效遏制。

地方政府违规举债还有一个通道是政府基金。例如，对政府基金承诺兜底、固定回报、股权回购等。当然地方政府还可以通过假借融资租赁、承诺对国有企业投资进行远期回购等方式变相违规举债。2017年7月15日，全国金融工作会议表示，各级地方党委和政府要树立正确政绩观，严控地方政府债务增量，终身问责，倒查责任；2017年7月24日，中共中央政治局部署下半年经济工作会议上指出，要积极稳妥化解累积的地方政府债务风险，有效规范地方政府举债融资，坚决遏制隐性债务增量。所以，对政府债务化解的方法和对策进行深入的理论研究是一个十分重要的命题。

（四）PPP化解地方政府债务的原理

从以上分析可知，地方政府债务形成的主要原因是地方政府的可支配财力与基础设施、公共服务的增长不匹配。国家对地方政府债务的管控迫使地方政府在体制外寻求基础设施和公共服务建设所需资金，进而形成了系统外债务。要在根本上解决地方政府债务问题，就要满足地方政府基础设施和公共服务建设的资金需求，应动员社会力量，运用社会资金开展相关建设，从而破解财政资金不足的问题，同时也能给社会资金提供投资机会，带动整个社会经济资源的合理流动和调配，最终解决党的十九大报告中提出的我国社会的主要矛盾——人民日益增长的美好生活需要和不平衡不充分的发展之间的矛盾。而PPP是一种在政府主导下的公共产品（包括基础设施和公共服务）创新提供模式，这种模式区别于政府通过举债进行基础设施和公共服务建设的传统模式，可以有效调动社会资金有序，合理地向基础设施和公共服务领域流动，改变政府作为公共产品单一投资主体的局面，让政府投入和社会资本"多头齐下"共同提供公共产品。社会资本介入公共服务领域必须通过PPP模式，否则基础设施和公共服务的公共属性就不能得到充分保障。普通的商业投资不能直接进入基础设施和公共服务领域。因此，PPP 模式是社会资金投资公共服务的唯一合法、正确的通道。通过 PPP 模式实施基础设施和公共服务项目，可以有效减少政府投入，并可以在政府投入体量不变的情况下，撬动更多社会资金投入基础设施和公共服务领域，降低政府举债规模。另外，对已经形成的地方政府系统外债务，通过 PPP 改造可以将这些债务的承载主体由地方政府转化为社会资本方，有效化解地方政府系统外债务。

二、PPP 模式化解地方政府债务的操作实务

如前所述，化解地方政府债务的重点是地方政府的违规负债和系统外负债。由于政府债务是通过多种途径、多种模式积累形成的，所以化解上述债务也要根据其形成原因及特点，科学合理地设定 PPP 的转化方式，有针对性地制订化解方案。下面列举几种常见的债务形成模式，并予以说明。

（一）通过政府融资平台形成债务的 PPP 化解

政府融资平台作为政府的融资工具，本身并不产生效益，其主要作用是为政府融资提供方便，实质是公共财政的延伸，债务的最终承担方必定是公共财政，所以财政部的系统外债务统计口径把该类债务也列入隐性负债范围，且成为地方政府隐性负债的主要组成部分。不能对该类债务进行有效化解，就不能从根本上完成地方政府债务化解任务，也就不能消灭地方政府系统外债务根源。化解融资平台债务最主要的方法，就是对融资平台进行市场化改造，赋予其真正的市场主体地位，使其具有真正的市场经营能力和赢利能力，能够自负盈亏、独立运营。在政府融资平台改革中，最大的难点是原平台中政府隐性负债的处理，如果不对政府隐性负债进行实质性处理，而只在形式上进行市场化改造，那么政府融资平台就永远不能实现独立运营，最终仍然会成为政府的包袱。平台公司政府负债的化解

有几种模式：一是政府将有效资产划转给平台公司，用于抵消政府债务；二是直接清偿平台中的政府债务；三是将平台中基础设施和公共服务项目产生的债务资产及收益，通过 PPP 模式进行改造，将该部分债务主体由政府融资平台转化为社会资本方，社会资本方拥有该项目资产项下的收益。

（二）通过政府购买服务形成的地方政府债务化解

很多地方政府通过政府购买服务产生了金额不菲的系统外债务，财政部 87 号文已经明确界定该类债务属于违规债务，财政部债务统计口径也明确该类债务属于政府隐性负债的统计范围，必须予以化解。该类债务形成的原因是地方政府把政府购买服务的范围由单纯的服务扩大为工程和货物，绝大部分属于基础设施和公共服务投资，应当对这些项目进行有效识别和梳理，通过 TOT、委托运营等模式将那些适合由社会资本方承担的公共项目的有效资产转让给社会资本方，由社会资本方承担该项目下的负债。也就是说，将承载主体由政府、政府融资平台或政府购买服务合同项下的承包方转化为社会资本方，社会资本方通过 PPP 合同约定的政府付费、可行性缺口补助或使用者付费获得长期稳定的收益。

（三）对 BT 项目形成的地方政府债务化解

2014 年修正《预算法》以前，地方政府运用 BT 模式的情形比较广泛，积累了很多地方政府隐性负债，国家对地方政府做过审计和统计，对应当由政府清偿的债务进行了识别统计，将其统称为存量债务。为有效解决该类债务问题，财政部规定对地方政府存量债务通过专项债券予以置换，因此该类债务绝大多数得以置换，但个别地区对存量债务识别工作的重要性认识不足，大量属于置换范围的债务没有得到识别，未能以专项政府债券置换，至今仍在体制外循环，形成了困扰地方政府财政的一个重大问题，因此在实务中也存在该类债务的化解问题。BT 合同也主要应用于基础设施和公共服务领域，通过 TOT、委托运营等模式将 BT 合同转化为

PPP 合同，将承载主体由地方政府或政府融资平台转化为社会资本方，通过 PPP 合同约定的政府付费、可行性缺口补助或使用者付费获得长期稳定的收益。

（四）通过工程欠款形成的地方政府隐性债务化解

工程欠款也是地方政府系统外债务的一种主要表现形式，如很多施工合同约定分期付款，也有许多合同虽未约定分期付款，但形成实质性拖欠，财政部隐性债务统计口径把该类债务都列入了隐性债务统计范围。该类债务是地方政府违约形成的，地方政府负有清偿义务，对政府的公信力有负面影响，必须予以化解。该类债务也有对应的项目资产和项目收益来源，将适合社会资本方的项目通过 BOT、TOT 等方式进行 PPP 改造，将项目的建设主体变更为社会资本方，社会资本方可根据 PPP 合同约定的政府付费、可行性缺口补助或使用者付费获得长期稳定的收益。

三、PPP 模式化解地方政府债务应注意的问题

PPP 虽然能有效化解地方政府债务，但是 PPP 操作政策性强、适用范围有限，在实务中已经出现 PPP 异化的问题，许多项目的操作偏离了 PPP 的本源，成为地方政府新的隐性负债来源。所以，PPP 化解地方政府债务必须严格、依法、依规操作，谨防 PPP 化解地方政府债务的同时，形成新增地方政府隐性负债的隐患，具体要注意以下问题。

（一）准确识别地方政府债务

地方政府债务有很强的政策性，既不能把地方政府应负的债务推给企业，企业债务也不能让政府来清偿，PPP 模式与公共投资密切相关，如非真正的政府债务，则不能通过 PPP 模式进行化解。

（二）准确识别 PPP 项目

PPP 项目有如下基本特征：（1）属于基础设施和公共服务领域；（2）金

额规模较大；（3）投资时间较长；（4）具有长期稳定的收益，不能牟取暴利；（5）适合由社会资本方来承担。

用 PPP 化解地方政府债务时，要对照以上特点进行有效识别，不能改造不适合 PPP 基本属性的项目。另外，PPP 项目受地方政府的财政支出能力限制，财政部 92 号文规定对政府付费的项目坚持审慎原则，地方政府 PPP 项目支出总和不得超过当期地方政府一般预算支出的 10%，不得把经营类项目列入 PPP 项目。在 PPP 化解地方政府债务时，要严格掌握 PPP 相关政策和入库管理规定，谨慎筛选可运用 PPP 模式化解地方政府债务的项目。

（三）准确适用 PPP 操作模式

PPP 化解地方政府债务有多种模式，要根据地方政府债务类别形成的原因、进展情况、资产现状区别对待，选择适合地方政府债务的 PPP 操作方案和实施模式。否则，不但不能实现化解地方政府债务的目的，还可能形成新的违规举债。

（四）严格依法依规操作

PPP 操作必须严格依法依规进行，财政部 92 号文等规范性文件规定了 PPP 项目的操作流程，包括物有所值评价、财政承受能力论证、实施方案的制定及批复、公开采购程序、信息公开公示，以及 PPP 合同需经地方政府批准生效、地方政府融资平台不得作为 PPP 社会资本方等一系列严格程序和政策红线。我们在化解地方政府债务时，需严格遵守这些规定，不得僭越。

（五）防止国有资产流失或加重政府负担

PPP 化解地方政府债务最容易出现的问题之一就是国有资产流失，加重地方政府债务负担。化解地方政府债务的目的是有效降低地方政府债务负担，如果通过 PPP 改造，政府债务负担不降反增，就违背了 PPP 化解地方政府债务的初衷。所以，在制订 PPP 化解方案时，要对经济指标进行详细分析和测算，确定优于原融资方案的经济目标。要严格程序，对国有资产转让制订科学的方案，对转让的公允价值进行科学的评估确认，经过严格的招投标程序选择社会资本方，防止国有资产流失或增加政府负担。

（六）防止 PPP 异化

PPP 的本质是公共产品提供的创新模式，政府和社会资本合作的目的是提供公共产品，而不是提供融资。但现实中，很多 PPP 项目存在"明股实债"、承诺兜底收益和固定回报、违规担保等情况，把 PPP 异化为新的融资工具。如果用这样的 PPP 项目化解地方政府债务，"换汤不换药"，则不能从根本上化解地方政府债务。所以，一定要严格依法依规操作，防止化解地方政府债务中出现"伪 PPP"。

（本文系笔者与陈功、汪耿超共同撰写的《PPP 与地方政府债务化解应用研究》，载于中央财经大学政信研究院主编：《中国蓝皮书：中国 PPP 行业发展报告（2018～2019）》，社会科学文献出版社 2019 年版，第231 – 239 页。）

PPP 项目采购问题研究

与传统项目相比，PPP 项目通常涉及重大公共利益，而选择什么样的社会资本来投资 PPP 项目，不仅事关公共利益能否顺利实现，还关系到相关程序是否公正的问题。

一、与传统项目采购相比，PPP 项目采购具有的特点

具体而言，PPP 项目采购主要包括以下七个特点。

第一，采购全流程的公开、公平、公正。因 PPP 项目具有强烈的公共属性，为保证公共利益的实现，PPP 项目采购必须公开、公平、公正。为保证公开性，必须优先选择公开竞争方式采购，必须全程及时地公开发布相关采购信息，接受社会和公众的监督。

第二，采购标的的复合性。PPP 项目采购的对象是公共产品，公共产品的提供需要融资、建设、运营。所以，采购标的属于复合标的，区别于传统的融资采购、工程采购、运营采购，其在采购规则的适用上必然要求兼顾上述复合性要求，使之既满足采购人需求，又满足各采购标的的规则要求。另外，综合采购要求并不等同于单项采购要求的简单相加。

第三，采购政策的强制性选择。PPP 项目采购的公共利益属性，导致 PPP 项目采购具有严肃的政策强制性，必须严格依规采购，依照政府采购程序有序进行。

第四，采购规则的不完整性。目前，PPP 项目采购规则并不完整，政策呈条块状、碎片状，缺少系统性，可操作性差。

第五，采购实践的探索性。由于 PPP 是新生事物，且相关法律和政策不完整，经验缺乏，需要在实践中不断总结，不断创新，才能够逐步完善和成熟。

第六，采购理论研究的空白性。对 PPP 项目采购缺乏理论研究，在理论上存在重大误区和争议。例如，对于 PPP 和政府采购的关系，有人认为 PPP 就是一种政府采购，理应适用政府采购程序。而笔者认为，PPP 是由政府主导的、具有强烈公共属性、以社会资本投资为主体的政府和社会资本合作项目，PPP 项目采购是一种区别于政府采购的公共采购，应制定专门的 PPP 项目采购程序。

第七，突出的专业性。PPP 项目采购涉及法律、金融、工程、造价、政策、采购等多种专业，涉及对前沿的理论和政策的把握，涉及对复杂 PPP 项目方案的理解（编制招标文件、资格预审文件的依据是经政府批准的"两评一案"），而一般的招标代理机构已经不能胜任，需要专业的 PPP 团队。

二、PPP 项目采购现实操作中存在的问题

具体来说，PPP 项目采购现实操作中，存在的问题主要体现在以下三方面。

一是 PPP 项目采购和工程招标"两标并一标"的混乱适用。按照《招标投标法》有关规定，"两标并一标"有严格的限制条件。根据《中华人民共和国招标投标法实施条例》（2019 年修订，以下简称《招标投标法实施条例》）第 9 条规定："除招标投标法第六十六条规定的可以不进行招标的特殊情况外，有下列情形之一的，可以不进行招标：……（三）

已通过招标方式选定的特许经营项目投资人依法能够自行建设、生产或者提供；……" 从以上规定来看，《招标投标法实施条例》规定"两标并一标"的适用应满足两个条件：通过招标方式选定；投资人依法能够自行建设、生产或者提供。亦即，PPP 项目"两标并一标"必须是通过招标方式选定社会资本方。根据财政部《关于在公共服务领域深入推进政府和社会资本合作工作的通知》（财金〔2016〕90 号）规定，"已经依据政府采购法选定社会资本合作方的，合作方依法能够自行建设、生产或者提供服务的，按照《招标投标法实施条例》第九条规定，合作方可以不再进行招标"。财政部《政府和社会资本合作项目政府采购管理办法》（财库〔2014〕215 号）第 1 条规定："为了规范政府和社会资本合作项目政府采购（以下简称 PPP 项目采购）行为，维护国家利益、社会公共利益和政府采购当事人的合法权益，依据《中华人民共和国政府采购法》（以下简称政府采购法）和有关法律、行政法规、部门规章，制定本办法。"竞争性磋商是财政部首个"作为国务院政府采购监督管理部门认定的其他采购方式"。但是，以招标之外的方式适用"两标并一标"，严格地讲，缺乏法律依据。

二是 PPP 项目资本方的采购和 PPP 项目的用地出让存在的"两张皮"的问题也亟须解决。PPP 项目需要的建设用地的使用者必须和 PPP 项目资本方一致，否则 PPP 项目就没法进行。PPP 项目用地大量采用了划拨方式，但是仍有部分项目需要通过公开招拍挂的方式出让解决。在 PPP 项目中，如果 PPP 项目资本方的采购和土地的出让完全平行，理论上就会存在不同主体中标的情况。但是，目前土地公开招拍挂制度与 PPP 项目采购制度相分离，与整体的土地管理制度不匹配，实践中还是没有办法实现"两标并一标"。

三是采购方式的混乱适用。现实中，一些应该适用公开招标的 PPP 项目采用了非招标方式。有些地方对于边界清晰、技术不复杂的项目，在选择社会资本方时，也采用了竞争性磋商的方式。而有的地方政府为了规避风险，一律采用公开招标，影响了 PPP 招标具体项目的采购需求。然而，公开招标并不适用于所有 PPP 项目的招标，而是只适用于那些边界清晰、技术参数明确且不复杂的项目。

三、关于 PPP 项目采购的建议

PPP 项目采购是影响 PPP 项目落地的重要步骤，对于 PPP 项目采购中存在的理论问题、实践问题、立法问题，必须予以解决。首先，PPP 项目采购在理论研究上要进一步深入，以解决 PPP 项目采购中的法律本源问题。其次，在立法方面，建议规定 PPP 项目采购的程序，解决采购方式、操作方式、竞争性、用地、工程"两标并一标"等问题，实现 PPP 项目采购有法可依、法理清晰、程序简便，体现公开、公平、公正原则。最后，在 PPP 项目采购实践方面，加强培训和管理，各级政府采购部门对 PPP 项目采购进行指导和监督，做到 PPP 项目采购有法可依、有法必依、执法必严、违法必究。

（本文创作于 2019 年 9 月。）

PPP 财务测算的主要功能研究

PPP 财务测算是对 PPP 项目科学论证和实施的重要手段，应该重点围绕其主要功能进行测算，对与 PPP 财务测算的主要功能相关的内容要详细深入论证。另外，针对 PPP 实务中存在的项目财务测算问题，要采取有针对性的措施予以规范和整改。

一、PPP 项目财务测算的功能分析

笔者认为，PPP 项目财务测算主要是为了实现以下几项功能。

（一）服务 PPP 项目论证之功能

PPP 项目既区别于传统的政府投资项目，也区别于一般的商业投资项目，因为 PPP 项目是通过创新手段提供公共产品，是政府、社会资本方和金融机构等多个主体参与的，政府投入和社会投入有机融合的综合性、复合型重大项目。所以，一个项目是否要采用 PPP 模式，须先进行物有所值评价论证。符合物有所值评价要求的项目，才允许采用 PPP 模式实施。在对项目进行物有所值评价论证时，会涉及各项财务指标测算。另外，为了科学安排地方政府在 PPP 项目中的支出，防止 PPP 项目可能对地方财政造成潜在的支付风险，需要对 PPP 项目进行财政承受能力论证，而 PPP 项目财务测算是财政承受能力论证的重要依据。

（二）服务项目采购之功能

为了有计划、有步骤地规范实施 PPP 项目，地方政府要制订详细的、切实可行的实施方案，这个方案要经过相关部门会审后报政府批准实施。编制 PPP 项目采购文件所需要的各种指标设定，各种付费规则的设定等，都需要相关财务数据予以支撑。有了这些科学可靠的财务数据，才能制订科学的实施方案，才能为将来的项目采购提供公允的采购控制指标。另外，潜在社会资本方也需要依靠对项目的财务数据分析来决定是否投资该 PPP 项目。

（三）服务项目融资之功能

PPP 项目需要进行融资，金融机构等需要对 PPP 项目的各种财务数据进行认真研究，以决定是否对项目融资。

（四）服务财政预算和项目绩效评价之功能

PPP 项目通常涉及的政府支付责任较大，周期较长。所以，PPP 支付不仅要列入当年财政预算，还要列入地方政府中长期财政规划。为提高 PPP 项目的功能价值，PPP 项目要进行绩效评价，PPP 财务测算的相关数据也是未来 PPP 项目绩效评价的重要参考数据。

（五）服务 PPP 项目行业管理之功能

为了规范实施 PPP 项目，国家建立了四级 PPP 项目管理体系。PPP 项目财务测算数据也是管理机构审核 PPP 项目合规性、科学性的重要参考依据，特别是 PPP 项目入库的重要依据。

二、PPP 项目财务测算的主要内容

PPP 项目财务测算应该围绕 PPP 财务测算的主要功能展开，根据以上 PPP 财务测算功能分析，PPP 财务测算应该重点包含以下内容。

一是支撑 PPP 项目物有所值评价需求的相关指标。如涉及评价所要求的投资规模、可融资性、风险识别和风险分配等数据，以及定量评价分析所需要的其他支撑数据等。

二是财政承受能力论证所需的相关数据。财政承受能力论证要识别项目中财政需要承担的各项政府支出责任，包括股权投资、政府付费、配套投入、风险支出等。还要对上述政府各项支出与政府的上年度一般公共预算支出，以及已经实施 PPP 项目财政支出进行比较，确定是否可以采用 PPP 模式实施。这些数据都来源于 PPP 项目的财务测算。

三是编制实施方案和采购文件所需要的数据。PPP 项目实施方案是 PPP 项目实施的总纲领，也是未来 PPP 项目采购文件编制的重要依据。PPP 采购文件不得与 PPP 实施方案相违背。所以，PPP 采购文件中涉及的各种指标数据都要在方案中体现。未来 PPP 项目付费的各项规则都要在实施方案中作出详细的规定。采购文件要细化项目采购各项需求，所有支撑项目采购文件的各种指标和数据均来自 PPP 财务测算。

四是制定投资方案和融资方案所需要的各种数据。社会资本方要投资 PPP 项目，需要对影响项目决策的投入成本、资金数额、回收期限、资金回报、折现率、融资利率、现金流分布等各项财务指标进行分析。金融机构也需要通过对上述相关指标进行分析，确定项目的可融资性。为保障项目的可融资性，需要通过财务测算为潜在的社会资本方及金融机构提供相关数据。

五是服务 PPP 项目行业管理及绩效评价的各种财务测算。PPP 项目的行业管理需要审核各种 PPP 项目财务指标，以确定项目的科学性和合规性。PPP 绩效考核也需要对 PPP 的财务指标进行比较分析，以进行项目的经济和社会效果的科学评价。为满足 PPP 行业管理和绩效管理需求，对 PPP 项目的相关财务指标要进行科学的财务测算。

三、PPP 项目财务测算存在的问题

自我国大力推广 PPP 项目以来，经过业内专家和各级政府管理部门的共同努力，PPP 财务测算取得了良好的经验，为支持 PPP 事业的健康发展做出了重要贡献。但是，不可否认的是，PPP 项目财务测算还存在一些突出问题。

（一）标准不统一、内容不统一

PPP 是新生事物，对于 PPP 财务测算问题，行业内普遍认为其很重要。但是，PPP 财务测算到底应该包含哪些内容？PPP 财务测算应该达到什么深度？不同的咨询公司、不同的财务专家，在认识上不尽相同。为了解决此问题，笔者建议，PPP 探索到一定阶段，就应该及时总结加以规范。

（二）财务测算指标来源不可靠，财务测算不客观不科学

财务测算的准确性来源于财务数据的科学采集。例如，在个别项目中，由于咨询公司财务专家良莠不齐或工作不认真，使得项目财务测算依据不足，不够客观科学。这样的财务测算结果没有任何参考价值。当然，还有地方政府为了吸引社会资本方投资，故意美化财务指标，更有甚者，有些咨询公司和潜在社会资本方勾结，故意提高项目成本，故意降低使用者付费等问题。

（三）为入库故意歪曲 PPP 财务指标

PPP 项目从诞生到如雨后春笋般地蓬勃发展，再到如今的规范管理，就一直存在着两种价值的冲突。这个冲突围绕地方政府隐性债务的管理而展开。特别是 PPP 发展之初，借 PPP 之名而行举债之实的问题比较突出。严格规范地方政府债务以来，由于对国家的 PPP 项目准入条件作出了各

种规定，地方政府为了新上PPP项目，不得不采取对项目的不正当包装，以实现项目准入。这表现在财务测算上就是少列政府支出、虚增使用者付费等。例如，有的地方居然不把政府的股权支出责任列入财政承受能力评价范围，而由政府出资代表承担等。

四、优化PPP项目财务测算建议

所有PPP财务测算存在的上述问题，既影响PPP项目的规范发展，又无法实现PPP项目财务测算之功能。为此，笔者提出以下五点建议。

一是加强PPP财务测算的规范化和标准化工作。PPP项目开展之初，为了探索PPP发展之路，允许PPP财务测算进行探索是正确的做法。但PPP发展到现在，已经积累了很多PPP财务测算的经验和教训，完全有条件总结相关的PPP财务测算成果，对PPP财务测算制定相关的行业标准化要求，逐步实现标准化。

二是加强行业培训和市场准入。PPP项目财务专家的专业化是实现PPP财务测算规范化的重要条件。要解决PPP财务专家的专业素质提升问题，就更需制定相关制度，严格市场准入，防止伪财务专家进入PPP咨询服务市场。

三是要严格把握PPP财务测算的数据支持依据。PPP财务测算的每个数据都要有相应的证据支持，要有可靠的来源。只有保证数据真实可靠，PPP财务测算才具有可信度。

四是地方政府要树立正确的PPP理念。正确的PPP理念包括公平对待社会资本方、正确的政绩观等，不要把违规搞PPP项目理解为政府政绩。试想，在PPP项目操作中违背了国家制度和政策要求，怎么会成为政绩呢？在某种意义上，这应是一种负面清单。

五是要严格查处违规PPP财务测算问题。虚假不真实的PPP项目财务测算严重干扰国家 PPP 项目的行业管理和国家关于地方政府的债务管理，严重影响公共利益，甚至会变相增加政府付费，造成国有资产流失，加速滋生腐败现象。所以，对于在项目审核入库、项目检查等过程中暴露出来的各种 PPP 财务测算违规问题，要严格追究，坚决杜绝违法违规问题的发生。

（本文收录于财政部 PPP 中心主办的公众号"道 PPP"于 2020 年 8 月 24 日发布的"专家库交流实录"中。同时，本文还发表于手机版《中国财经报》，2020 年 8 月 24 日发布。）

城镇老旧小区改造建设中
PPP 模式的应用研究

《国务院办公厅关于全面推进城镇老旧小区改造工作的指导意见》
(国办发〔2020〕23 号) 明确指出，要推动各种社会力量参与老旧小区改
造工作。具体来说，包括鼓励原产权单位对已经移交地方的原职工住宅小
区给予资金支持；公房产权单位应出资参与改造；引导专业经营单位履行
社会责任，出资参与城镇老旧小区改造中相关管线设备的改造提升；通过
政府采购、新增设施有偿使用、落实资产权益等方式，吸引各类专业机构
等社会力量投资参与各类改造设施的设计、改造运营；支持规范各类企业
以 PPP 模式参与改造；支持以"平台 + 创业单元"方式发展养老、托育、
家政等社区服务新业态等。其中，支持规范各类企业以 PPP 模式参与改
造是其中一项重要的形式，为 PPP 运用于城镇老旧小区改造提供了明确
的政策依据。

一、采用 PPP 模式进行城镇老旧小区改造项目建设的基本原理

首先，提供公共产品是 PPP 的根本属性，城镇老旧小区改造提供的
是否为公共产品？这是城镇老旧小区改造项目采用 PPP 模式首先要回答
的问题。从微观角度来看，城镇老旧小区改造为特定的对象提供了服务，

好像不是公共产品，或者说不是纯粹的公共产品。但从宏观角度来讲，党中央、国务院把城镇老旧小区改造确定为今后一段时间内城市建设的重点工作，是具有重大战略意义的。它是城市现代化治理的一项重要工作，是实现城市文明建设的一项重要内容，也是一项重要的民生工程，是人民群众共享改革发展成果、获得满意感的一个重要手段。从这个意义上讲，城镇老旧小区改造并不是完全为特定的群体和对象提供的私有产品，而是关乎国计民生的公共产品。何况，在改造过程中，由政府投资部分形成的资产的权属，应该属于政府。其次，项目适合社会资本投资是 PPP 的另一个特点，城镇老旧小区改造不同于一般的政府投资项目，也不同于一般的商业项目，其涉及面广，主体复杂，需要协调各方的意见和利益。由社会资本操盘项目，便于采用灵活的方式组织项目实施。再次，PPP 模式是公共产品的创新提供模式，所以创新属性是 PPP 的一个重要属性。城镇老旧小区改造是新生事物，党中央、国务院提出了总的要求，具体怎么搞，则需要各地根据自身的具体情况制定相应的政策，采取相应的办法去组织实施。PPP 模式的创新属性可以很好地解决这一问题，通过具体 PPP 项目的创新活动，可以灵活进行各种改造模式实践，填补经验不足，创新城镇老旧小区改造模式。最后，PPP 还有一个重要特点是要求项目具有长期稳定的收益。城镇老旧小区改造属于公益项目，不可能产生暴利，但是绝大多数属于基础投资，其商业价值回报是长时间逐渐释放出来的，所以符合 PPP 长期稳定收益的要求。

二、采用 PPP 模式进行城镇老旧小区改造项目建设操作中应注意的问题

PPP 运用于城镇老旧小区改造是新生事物，处于改革探索期。笔者认为，可以参照一般 PPP 项目的操作路径，结合城镇老旧小区的特点进行

项目运作。

首先，根据城镇老旧小区改造的政策要求和项目特点，做好项目的发起和识别。并不是所有的城镇老旧小区改造项目都适合 PPP 模式。要注意政策界限，应主要针对 2000 年以前的城镇老旧小区进行改造；要和住建系统对接，选择那些已入老旧小区改造项目库的重点项目；要选择那些公益性强、投资数额大的基础设施类项目。例如，供水、供气、供电、网络、管网等综合性基础设施改造、建设。针对单户改造、一次性投入、投资较小、缺乏运营内容的项目，则不宜列入 PPP 项目。

其次，根据城镇老旧小区改造的项目特点，做好物有所值评价和财政承受能力评价工作。城镇老旧小区改造项目不同于一般公共设施和公共服务项目对其进行物有所值评价特别重要。要充分论证采用 PPP 模式建设的必要性和可行性，只有适合采用 PPP 模式的项目，才能运用 PPP 模式实施建设。同样地，财政承受能力评价也是一项重要工作，国办发〔2020〕23 号文件要求不能在城镇老旧小区改造中形成新的政府隐性债务，要充分调动各方力量筹集资金。所以，在进行城镇老旧小区改造 PPP 项目财政承受能力评价时，既要注意不能把政府应该承担的费用遗漏，也不能把不应该由政府承担的费用当作政府费用列入。

再次，在实施方案中要充分体现城镇老旧小区改造的特点。实施方案是 PPP 项目的总的章程，制订好实施方案是保障项目实施的关键。区别于一般 PPP 项目，城镇老旧小区改造的方案在制订过程中，要注意征求各方面意见，征求业主委员会、居委会、社区、物业公司、专业公司等的意见，需要征得同意的，要征得同意，需要签订协议的，要签订协议。要注意综合城市功能，充分考虑新建、改建设施的综合利用、共同利用，避免重复建设、浪费现象的发生。实施城镇老旧小区 PPP 改造时，要注意项目的适当合并，因为城镇老旧小区改造单个项目普遍投资都比较小，而投资太小的项目运用 PPP 模式，在成本和费用方面不太适宜。所以，对项目的适当打包是必然的。同时需要指出的是，城镇老旧小区 PPP 改造项目要切合项目的实际，不能像其他项目一样对投资规模要求太高。城镇老旧小区改造的项目资金来源包括上级财政资金补助、专业公司投资、改造住户承担费用、原产权移交单位补贴、物业维修基金等。政府付费部分应列入财政承受能力评价范围，上级补助资金应抵充政府付费，其他来源资金应视作使用者付费来源。城镇老旧小区改造使用者付费来源复杂，比如有些需要事先签订合同，如住户承担部分、专业公司承担部分、原产权单位承担部分等；有些则要履行法定程序，如物业维修基金的使用等。

最后，建议各地建立城镇老旧小区改造 PPP 项目联审机制，优化项目入库标准，简化项目入库程序。既要严防违规"搭车"、隐性债务等问题的发生，又要为充分运用 PPP 模式支持城镇老旧小区改造项目建设扫除制度上的障碍。要做好绩效监控和绩效评价工作，注意在绩效评价中充分吸取民众意见，因为对于民生工程，人民的满意才是最重要的。

（本文发表于手机版《中国财经报》，2020 年 7 月 23 日发布。）

PPP 项目"未批先建"的
风险及救济研究

　　"未批先建"是指建设项目或工程项目在开工前，未按照国家关于项目管理的相关法律法规的规定办理相关审批、备案等手续，在不符合相关法律法规的规定下即开工建设的行为。针对"未批先建"这一问题，尤其是涉及 PPP 模式应用时所可能产生的风险，笔者认为，可以从以下几个方面去展开研究。

一、关于"未批先建"的相关规定

　　我们国家针对建设项目和施工管理出台了大量的法律法规，涉及投资、用地、规划、环境、文物、招标采购、建筑，以及其他专业管理，如林业、河道治理、电力等。

　　举例来说，投资方面的法律法规主要有：《政府投资条例》《企业投资项目核准和备案管理条例》《中华人民共和国外商投资法》。用地管理方面的法律法规主要有：《中华人民共和国土地管理法》（以下简称《土地管理法》）、《中华人民共和国土地管理法实施条例》以及《建设用地审查报批管理办法》。规划方面的法律法规主要有：《中华人民共和国城乡规划法》（以下简称《城乡规划法》）。环境方面的法律法规主要有：《中华人民共和国环境影响评价法》。文物管理方面的法律法规主要有：《中华人民共和国文物保护法》《中华人民共和国文物保护法实施条例》。招标采购方面的法律法规主要有：《招标投标法》《招标投标法实施条例》《政府采购法》《中华人民共和国政府采购法实施条例》。建筑管理方面的法律法规主要有：《中华人民共和国建筑法》（以下简称《建筑法》）、《建设工程质量管理条例》。

此外，上述法律法规规定了建设项目的强制性的审批、核准等行政许可程序，即未经法定许可，擅自建设或开工的都属于"未批先建"。

具体来讲，上述法律法规在具体审批程序方面，作出了如下规定。（1）立项批复：包括政府投资项目的项目建议书、可行性研究报告，初步设计经主管部门审批同意；企业投资项目报政府主管部门核准或备案，取得立项文件。（2）用地：包括无偿使用，划拨用地，出让用地取得国有土地使用权，租赁用地。（3）规划：包括建设工程用地规划许可证。（4）工程招标采购程序：包括建设项目，要依法通过招标采购程序选择供应商。（5）工程建设许可程序：包括建设工程规划许可证。（6）施工许可程序：包括建筑工程施工许可证。（7）其他审批程序：包括建设项目环境影响评价审批等。

二、"未批先建"的表现形式

"未批先建"有多种表现形式，按照不同的标准，可以有不同的分类。接下来，笔者以建设项目管理的基本路径为依据进行分类介绍。

第一，项目没有立项批准即开工建设类。项目经依法批准是政府投资类项目（即在中国境内使用预算安排资金进行固定资产投资的建设活动，包括新建、扩建、改建、技术改造等）必须经历的第一道程序，政府采取直接投资方式、资本金注入方式投资的项目（以下统称政府投资项目），项目单位应当编制项目建议书、可行性研究报告、初步设计，按照政府投资管理权限和规定的程序，报投资主管部门或者其他有关部门审批，未经依法批准的政府投资项目，禁止开工建设。需要依法经政府核准的企业投资项目（关系国家安全、涉及全国重大生产力布局、战略性资源开发和重大公共利益等项目，实行核准管理。具体项目范围以及核准机关、核准权限依照政府核准的投资项目目录执行。政府核准的投资项目目录由国务院投资主管部门会同国务院有关部门提出，报国务院批准后实施，并适时调整。国务院另有规定的，依照其规定），经政府主管机关依法核准后，才能开工建设；其他企业投资项目需要向政府主管机关进行备案。未经依法批准的政府投资项目，未经依法核准或备案的企业投资项目即开工建设的，都属于"未批先建"。应当依法批准的建设项目不得变通通过核准或备案立项。

这里特别强调近几年出现的创新建设模式，要注意其立项要求。例如，PPP项目中政府付费或缺口性补助项目需要批准立项；全部采用使用者付费的项目可以采用核准或者备案立项；政府专项债项目使用预算资金进行建设应当经过批准立项；政府机关作为项目的主管单位，国有平台作为项目实施机构的项目应当批准立项；国有平台公司直接负责的基础设施建设、重大公益项目也应当通过批准立项；政府引导基金投资的重大基础设施和公益项目也应当批准立项。

第二，没有取得规划批准、用地批准手续即开工建设类。根据《城乡规划法》《土地管理法》规定，建设项目首先要符合相关规定，取得规划批准手续。按照国家规定需要有关部门批准或者核准的建设项目，以划拨方式提供国有土地使用权的，建设单位在报送有关部门批准或者核准前，应当向城乡规划主管部门申请核发选址意见书。以出让方式取得国有土地使用权的建设项目，在签订《国有土地使用权出让合同》后，建设单位应当持建设项目的批准、核准、备案文件和《国有土地使用权出让合同》，向城市、县人民政府城乡规划主管部门领取建设用地规划许可证。在城市、镇规划区内进行建筑物、构筑物、道路、管线和其他工程建设的，建设单位或者个人应当向城市、县人民政府城乡规划主管部门或者省、自治区、直辖市人民政府确定的镇人民政府申请办理建设工程规划许可证。

第三，没有依法招标、签订项目建设合同或施工合同即开工建设类。按照《招标投标法》《政府采购法》及相关实施条例等规定，在中华人民共和国境内进行下列工程建设项目包括项目的勘察、设计、施工、监理以及与工程建设有关的重要设备、材料等的采购，必须进行招标：（1）大型基础设施、公用事业等关系社会公共利益、公众安全的项目；（2）全部或者部分使用国有资金投资或者国家融资的项目；（3）使用国际组织或者外国政府贷款、援助资金的项目。前述项目的具体范围和规模标准，由国务院发展计划部门会同国务院有关部门制订，报国务院批准。法律或者国务院对必须进行招标的其他项目的范围有规定的，从其规定。没有依法招标的项目，也属于未批先建项目。

实践中，用框架协议代替政府招标投标和政府采购，用特许经营协议代替政府采购，用代建协议代替招标投标和政府采购，PPP项目公司自己没有建设能力直接对外发包的，都是违规行为。

第四，没有取得施工许可即开工建设类。

第五，没有取得质量监督管理手续即开工建设类。建设工程项目开工建设应当同步取得质量监督手续，很多项目由于缺失前期手续，无法办理质量监督手续，使得项目后期无法竣工验收。

第六，变更没有依法批准即开工建设类。项目变更需要取得变更的相应手续，变更分为局部设计变更、工程范围调减变更、工程实施地点变化等。对于局部设计变更，要经过原设计单位调整，且甲方同意。对于后者，要区分是否为新增项目，如果属于新增项目，就需要调整可研报告，重新审批。

三、"未批先建"的成因分析

"未批先建"问题在过去比较多，特别是在政府投资项目中，该问题比较突出。笔者认为，"未批先建"问题的形成主要有以下四点原因。

首先，地方政府受不正确的政绩观影响，在规划、用地、资金等条件不具备的情况下急于开工。而建设施工方为了实现提前"锁定项目"的目的，在手续不具备的情况下，提前进场。

其次，缺乏法治观念。例如，某些地方政府可能存在侥幸心理，认为掌握办理相关手续的主导权在于政府，其随时可以补办手续。而企业过度信赖政府，在手续不完善时，提前进场施工。

再次，地方政府受财力影响，很多需要建设的项目不能通过正当渠道办理建设工程立项、招标等手续，只能在体制外循环。而企业盲目跟风，陷入其中不能自拔。例如，很多应当由政府立项建设的项目，地方政府通过国有平台公司进行建设，导致不能办理相关建设手续，不能列入预算安排。

最后，企业管理不能与时俱进。近几年，国家对建设项目管理的法律法规越来越健全，管理也越来越严格。新的建设管理模式不断出现，已经颠覆了过去的施工管理模式。企业过去单一的施工管理思维模式已经不能适应现代化项目管理要求，需要与时俱进。

四、"未批先建"的法律分析

笔者总结认为，虽然"未批先建"是过去政府投资项目中比较多的一种现象，但是从法律的角度考量，这却是一种违法行为，面临着非常严重的法律后果。

一是从行政法的视角考量，这种行为违反了我国关于建设项目的相关管理规定，有许多还是强制性的法律规定。对此，需要承担相应的法律后果，如罚款、降低企业资质等级，严重的还会停业整顿、限制投标等。

二是从民事法律的视角考量，《建筑法》规定建筑合同为要式合同，很多建设工程程序为要式法律行为。"未批先建"的合同可能会被确认为无效合同。虽然最高人民法院规定在无效合同的前提下，若建设工程的质量合格，则应参照合同约定支付工程价款。但是，参照合同约定支付价款与根据合同约定支付价款的区别还是很大的，比如对于违约金没有办法给予支持。现实中，有些项目施工方不能进行竣工验收，无法获得质量合格证，就没有办法获得法院的支持。

三是从刑事法律的视角考量，"未批先建"项目一旦出现重大责任事故、劳动事故、安全事故等，由于施工方属于非法建设、无证施工，在认定其刑事责任时，将非常不利。同样一个事故，有完备的建设施工手续和无证建设施工，两者的后果是明显不同的。实践中，很多项目被追究刑事责任都是因为没有前期相关建设施工手续而导致被追究刑事责任。

五、"未批先建"的防范救济

通过上述分析可知，"未批先建"是违法行为，在规划、用地、项目立项管理、招投标、环境保护、质量监督、建筑管理等多方面普遍存在，具有相应的行政、刑事法律后果及风险，在民事利益保护方面也很不利。所以，笔者建议，相关主体要树立依法投资建设的理念，在制度管理等方面防范新的"未批先建"现象的发生。老的项目要认真梳理研究"未批先建"的原因，及时补办相关手续，亡羊补牢。对经过认真研究、多次督促、仍然不能办理相关手续、存在重大风险隐患的项目，要成立专班进行交涉，保留证据，为维权做好准备工作，必要时果断停止施工建设，用法律武器依法维护合法权益。

（本文创作于 2022 年 9 月 9 日。）

05
PART

争端机制篇

PPP 项目签约以后可以再谈判吗？

　　PPP 项目签约以后双方就应该严格履行，那么 PPP 项目签约以后可以再谈判吗？笔者认为，PPP 项目再谈判只能是例外，对那种以优惠条件中标，然后通过再谈判来谋取利益的行为要严格稽查，坚决杜绝。

　　PPP 项目复杂、周期长，特别是国家管理政策的调整，以及资金市场的变化，导致 PPP 项目出现了各种问题。例如，有些项目因不符合新的入库政策需要退库，有些不符合新的融资政策导致项目融资不能落地，还有因政府债务管理需求等，导致项目实施范围调整甚至停建。出现这些情形就不得不启动项目的再谈判。所以，PPP 项目的再谈判是一种例外，它是特殊的情势变更所导致的无奈选择。

　　值得明确的是，PPP 项目的再谈判不应涉及合同的实质性变更，因为 PPP 合同涉及公共利益，是通过政府采购程序确定的公共采购，而通过再谈判予以实质性变更实质上是一种违规行为。虽然按法律规定，PPP 合同再谈判不能予以实质性变更，但实务中很少有不进行实质性变更的。因为不进行实质性变更，就解决不了 PPP 运行中存在的实质性问题，进而没有办法有效解决项目中存在的问题，甚至会影响公共利益的实现。这就给广大理论者和实务者提出了一个很大的命题，即如何在确保合规的状态下，通过再谈判来解决 PPP 项目中存在的问题。

　　从实务操作情况看，PPP 项目再谈判有点混乱。例如，有些项目的运行模式、回报机制都发生了变化，但是没有通过法定程序，容易引发问题。因而，完善再谈判启动机制，以及确定再谈判的边界，需要在探索的基础上进行制度层面的顶层设计，使 PPP 项目再谈判能做到有法可依、执法必严、违法必究。

（本文收录于财政部 PPP 中心主办的公众号"道 PPP"于 2020 年 1 月 7 日发布的"专家库交流实录"中。同时，本文还发表于《中国招标》2020 年第 2 期。）

极端突发性重大自然灾害下，
政企双方如何做好PPP项目履约？

2021年7月，河南省发生重大水灾，给包括PPP项目在内的很多建设工程项目带来了巨大破坏，也给PPP项目的履约带来了许多新的问题和挑战。如何正视这些客观问题，做好PPP项目的履约管理工作，最大化地保障公共服务的提供质量，是目前遭遇重大自然灾害及重建工作面临的一个重要命题。

一、极端突发性重大自然灾害可能带来的PPP履约风险问题

在极端突发性重大自然灾害下，针对政企双方可能面临的PPP履约风险，笔者认为，主要集中体现在以下六个问题。

一是PPP项目工程因极端突发性重大自然灾害造成直接毁损，包括正在建设的PPP工程项目和处于运营状态的PPP工程项目，其工程直接毁损损失如何处置？是否应列入建设总投资和运营维护费用？

二是PPP项目工程因极端突发性重大自然灾害造成的工期延误、建设成本增加、运营质量降低和运营成本增加，该如何处理？

三是极端突发性重大自然灾害造成社会资本方无力履行公共服务提供义务，影响救灾等重大公共利益，政府方应如何处置？

四是极端突发性重大自然灾害情况下，PPP 风险转移如何落实？

五是极端突发性重大自然灾害造成政府支付能力降低，如何保证 PPP 履约？

六是极端突发性重大自然灾害造成履约争议增加，如何处置？

二、极端突发性重大自然灾害可能带来的 PPP 履约风险的处置原则

极端突发性重大自然灾害造成的 PPP 履约风险和问题有很多，若处置不当，将会影响 PPP 项目公共服务的提供质量，进而影响公共利益，损害政府诚信，甚至影响抢险救灾。所以，处置极端突发性重大自然灾害造成的 PPP 履约风险，应当审慎、及时、果断、有据。

第一，审慎原则。

审慎原则是指处置极端突发性重大自然灾害风险时，要考虑全局利益，以抢险救灾、保障公共利益为第一要务。所谓"人命关天""救灾如救火"，政府方和社会资本方都应当以抢险救灾为首位，把经济得失放在其后，不惜一切代价抢险救灾，确保公共利益和 PPP 服务质量不受大的影响。

第二，及时原则。

及时原则是指处置极端突发性重大自然灾害风险时，要在风险可能发生或刚发生时及时处置，不能耽误最佳处置时机，以免造成损失扩大，甚至造成不可挽回的损失。在重大风险出现或可能出现时，要实事求是地进行处置，不能计较权利义务边界，耽误宝贵的处置时机。

第三，果断原则。

果断原则是指处置极端突发性重大自然灾害风险时，要根据现场实际情况果断处置，不能层层等命令，耽误了最佳处置时机。PPP 项目运营的

紧急处置权位往往比较高,程序比较复杂,出现该封闭不能及时封闭、该停运不能及时停运的情况,都可能带来无可挽回的重大损失。笔者建议,应授予紧急情况下,PPP 项目实际运营者的紧急处置权。社会资本方和政府方要加强沟通协调,做到处置及时,防止损失扩大。

第四,处理有据原则。

处理有据原则是指处置极端突发性重大自然灾害风险时,要根据法律、行政法规、命令等依法依规处置。对于紧急情形,要根据现场指挥部的命令及时处置;对于经济补偿等非紧急情形,要根据法律法规、合同约定等依法处理。PPP 项目要列入政府重大灾情紧急处置预案,在重大突发性灾情出现时,可及时向其他重大基础设施及公共服务启动紧急预案,实现有序防灾、有序救灾。

三、极端突发性重大自然灾害可能带来的 PPP 履约风险的处置建议

根据过去发生的极端突发性重大自然灾害给 PPP 履约带来的实际风险,结合 PPP 基本原理,笔者提出如下七点建议。

第一,建立 PPP 项目极端突发性重大自然灾害救助基金,加大中央和上级政府重大突发灾害专项转移支付支持力度,必要时启动各级财政备用金予以支持,防范因重大突发自然灾害导致地方政府 PPP 支付履约下降和 PPP 项目政府违约问题发生。

第二,建立完善 PPP 项目重大灾情风险处置预案,实现其与政府重大灾情风险处置预案的无缝衔接,实现有序防灾、有序救灾。

第三,必要时启动政府临时接管机制或提前终止 PPP 合同。在重大突发自然灾害情况下,可能会出现社会资本方、项目公司严重丧失履约能力的情形,对于急需政府和社会支持的 PPP 项目,政府和社会要给予及

时救助，对通过救助也不可能恢复之前履约能力的项目，政府要视实际情况果断采取临时接管甚至提前终止合同等措施，以确保公共利益不受重大影响。

第四，要认真落实和审慎完善 PPP 保险条款，有效实现 PPP 重大风险转移。近年来，频频出现的自然灾害充分说明了 PPP 合同中的保险条款的重要性和必要性。对此，应积极吸取教训，加快落实和完善 PPP 合同的保险条款，落实投保情况，从而使 PPP 项目在重大突发自然灾害发生时能实现风险的有效转移。

第五，根据实际优化重大突发自然灾害情况下 PPP 项目紧急情况的处置机制，必要时处置权可以实现下移，以确保紧急情况下能有效果断处置，防止因处置不及时带来无可挽回的重大损失。

第六，PPP 项目绩效评价应根据重大突发自然灾害的实际情况实事求是地进行评价；根据法律中的不可抗力条款，实事求是、合理地界定灾害损失及其责任承担。要通过政府帮扶、社会救助等方式，帮助社会资本方及项目公司解决实际问题；社会资本方和项目公司也要体谅政府困难，对重大突发灾情造成的违约充分谅解，实事求是地作出处理，共渡难关。

第七，建立健全诉讼、仲裁、评审等争议处置机制，多渠道、快捷地处理重大突发自然灾害情况下的 PPP 争议。

（本文收录于财政部 PPP 中心主办的公众号"道 PPP"于 2021 年 8 月 17 日发布的"专家库交流实录"中。）

PPP 合同违约纠纷有哪些处理原则？

笔者认为，PPP 项目违约处理从根本上仍然是一个合同的违约处理，合同的违约认定和处理本不是什么新鲜议题，但共性的合同违约及其处理规则不能解决 PPP 的实际问题。所以，笔者试图从揭示 PPP 合同违约的特殊性视角，来探讨 PPP 合同违约及其处理的问题。

一、PPP 合同违约的特殊性

PPP 合同不同于一般的民事合同，也区别于一般的行政合同，这主要表现在以下三个方面。一是 PPP 合同是为公共利益的获得而建立的一种合作模式，区别于一般民事合同为双方当事人利益而设置。二是 PPP 合同是地方政府和社会资本方通过平等协商的方式签订的合同，区别于政府作为单方授权主体而签订的一般行政合同。三是由于 PPP 是与公共利益直接挂钩的特殊合同，而为了维护公共利益，PPP 合同主体不可能实现完全的平等，公共利益优先是 PPP 合同的一个突出特征。所有这一切 PPP 合同的特殊属性，以及 PPP 合同争议处理的特殊性，决定了 PPP 合同违约处理的特殊性。

二、PPP 合同违约处理的基本原则

PPP 合同的特殊性决定了 PPP 合同违约处理的特殊性，背离 PPP 合同

的特殊性去认定 PPP 违约和解决 PPP 违约纠纷，必然影响 PPP 合同目的的实现，影响公共利益。根据以上对 PPP 合同特殊性的分析，认定和处理 PPP 合同违约行为应该遵循如下基本原则。

（一）公共利益优先原则

公共利益优先应该是解决 PPP 违约争议首先应该遵循的基本原则。因为离开了公共利益，就偏离了 PPP 合同的根本目的，且公共利益是法律首先要保护的利益。任何与公共利益冲突的合同条款和行为，均会被法律认定为无效行为，并通过法律的强制约束力予以纠正。在认定 PPP 合同违约行为和处理违约行为时，首先要考虑公共利益。例如，一个 PPP 合同违约行为在处理时，不能中止（或终止）公共产品的供应，《民法典》合同编规定的停止合同履行的救济方式并不理所当然地适用于 PPP 合同争议解决。又如，普通的民事合同可以采取查封争议标的，甚至对建筑物享有优先权，而 PPP 合同争议解决不能行使优先权，也不能查封合同标的。解除 PPP 合同要首先对 PPP 合同解除产生的对公共利益的影响进行评级，确保合同解除不会对公共利益产生重大影响。

（二）审慎原则

PPP 合同是关乎公共利益的重大合同的特点，决定了 PPP 合同违约认定和纠纷处理必须采取审慎原则。不能随意地把一般轻微的合同过错确定为违约行为，也不宜动则解除合同、追究违约责任等。地方政府和社会资本方在对合同纠纷处理时，要采取审慎的态度，谨防处置不当造成对公共利益的损害。

（三）预防为主、争端解决为辅的原则

预防为主、争端解决为辅是 PPP 合同争议解决应该遵循的另一个重要原则。PPP 合同是一个关乎公共利益的长期重大合同，其特点决定了 PPP 合同不可能像普通民事行政合同一样法律关系单一，其产生争议是必

然的，完全没有争议是不现实的。但是，争议的存在必然对合同的履行造成影响，甚至影响公共利益。所以，我们要充分做好 PPP 合同的违约预防工作，防止实质性的违约行为发生，即便违约行为发生，也能够及时予以处理。

PPP 实践中存在很多 PPP 合同重大违约行为，比如地方政府单方面解除合同，社会资本方不能完成项目融资和落地，PPP 合同不能按期交付，地方政府不能按约付费等。分析这些违约行为背后的原因，这里面既有地方政府和社会资本方主管行为不当导致违约，又有地方政府和社会资本方客观履约能力不足导致违约，还有因形势发展变化或情势变更导致违约，更有 PPP 项目策划论证不科学不客观、合同约定不明等技术问题导致合同违约等。

所以，PPP 合同要充分重视事前的预防措施，对项目的可行性、财政承受能力及其他主要经济指标等进行科学深入论证，谨防项目先天不足导致发生项目违约行为，要聘请专业的 PPP 律师参与项目论证（特别是合同的起草谈判），谨防因合同约定不明或冲突导致合同违约。要设计 PPP 合同的纠错纠偏机制，使 PPP 合同能够适应形势发展的变化。例如，折现率的设定可以考虑动态的形式，满足形势发展的变化。使用者付费也要建立科学合理的调整机制，防止因形势变更导致重大偏差。要增加合同各方的契约意识，积极主动地按约履行。要建立包括调解、专家评审、诉讼、仲裁等多种形式的争议解决机制。特别是要建立 PPP 合同重大违约风险处置预防机制，防止重大 PPP 违约行为发生，即使发生也能够及时采取替代措施和处置措施，避免因 PPP 重大违约行为冲突对公共利益可能造成的重大损害。

（本文收录于财政部 PPP 中心主办的公众号"道 PPP"于 2020 年 8 月 31 日发布的"专家库交流实录"中。同时，本文还发表于手机版《中国财经报》，2020 年 8 月 25 日发布。）

如何围绕 PPP 合同的基本特征，
科学设定多元纠纷解决机制？

要想科学设定 PPP 合同的争议解决机制，就应当认真研究 PPP 合同的基本特征。具体而言，应从以下几方面分析。

一是强烈的公益性是 PPP 合同的首要特点，PPP 合同属于行政合同还是民事合同，在学术上仍有争议。权威观点认为，特许经营类的 PPP 合同是具有行政属性的民事合同，其他种类的 PPP 合同应当属于民商事合同。但这并不是说，PPP 合同可以抛开公益性，被等同于普通的民商事合同来对待。忽略了 PPP 合同的公益性，片面强调民商事合同的平等性和契约自由，将可能出现 PPP 合同争议解决损害公共利益的后果，这将违背 PPP 合同的基本目的。所以，解决 PPP 纠纷应当在保障公共利益的前提下，适用民商事纠纷解决的规则。

二是 PPP 合同具有复合性，涉及多个法律主体，法律关系较为复杂，合作周期长，且标的额大。围绕本合同特点，应当在合同争议解决时，兼顾各方主体利益，保障各方主体平等参与，适当提高诉讼管辖的层级，认真研究如何保障 PPP 纠纷多方主体在诉讼和仲裁中平等参与的问题。

三是 PPP 合同专业性极强，涉及多个专业。这就要求在解决 PPP 合同争议时，需要专业人才和专业团队，为法院和仲裁机关处理本类案件做好人才储备。

四是 PPP 合同所形成的资产区别于普通民商事合同形成的资产。这一特点在法律实务界对资产的查封、冻结等方面提出了新的命题，一方面要保障公共利益，另一方面要保障合同当事人的合法权利，是需要深入研究的命题。笔者认为，寻求实现公共利益和当事人合法权利的平衡点是正确解决 PPP 合同纠纷的关键。

五是 PPP 合同的综合属性决定了单一的争议解决方式不能满足 PPP 需求，应当建立多元争议纠纷解决机制，根据争议的特点采用多种渠道，如行政调解、民事调解、专家争议评审、民商事仲裁等，进行综合治理、科学解决。

六是由于 PPP 是从国外引进的新生事物，PPP 合同的属性和有关 PPP 争议的属性在理论、实务、司法层面都存在重大争议，这并不利于 PPP 争议的解决。因此，要在 PPP 立法、司法解释等方面尽快明确 PPP 合同和争议的属性，使 PPP 争议解决有明确的法律依据，实现 PPP 纠纷的科学有效解决。

七是 PPP 合同主体一方为地方政府，这与民事诉讼的地域管辖、立法价值取向相冲突，如果 PPP 合同纠纷按照一般地域管辖规则确定管辖法院，PPP 纠纷诉讼的公平性和执行的强制性将大打折扣，进而影响社会资本方的投资信心。所以，为了公平解决 PPP 合同争议，有必要建立类似行政诉讼案件异地管辖的机制。

（本文创作于 2019 年 9 月 11 日。）

行政协议司法解释对 PPP 的
实践影响有哪些？

2020 年 1 月 1 日，最高人民法院出台的《最高人民法院关于审理行政协议案件若干问题的规定》（法释〔2019〕17 号，以下简称《行政协议解释》）正式施行。这一解释对 PPP 的实践影响非常之大，具体表现在以下方面。

一是对 PPP 争议的处理产生了直接的影响。过去 PPP 合同的性质在学术和司法上有不同的观点，《行政协议解释》出台后，能在一定程度上规范 PPP 争议解决的立案程序和实体审理，解决了无法可依的问题，这是司法解释出台的一个积极意义。但是，该解释也给 PPP 争议解决带来了一定的负面影响。例如，该解释规定具有行政法意义上的 PPP 合同是行政合同，但行政法意义的 PPP 合同该如何理解？该解释并没有作出规定。这样导致在司法实践中容易出现认知混乱。例如，若某仲裁委正在受理一个 PPP 纠纷仲裁案件，《行政协议解释》出台以后就没有办法判断到底是否应该属于行政协议、有没有管辖权，从而导致案件没有办法往前推进。

二是该解释的出台对 PPP 性质的理论研究也形成了一定的障碍。对于 PPP 性质之争，目前有行政合同说、民事合同说、混合合同说、区别内容说等多种学说，并没有定论。《行政协议解释》的出台以行政合同说、区别内容说作为官方观点，势必会影响 PPP 合同性质的研究和实践。笔者认为，PPP 合同性质应该以合同内容来确定，即内容区别说。另外，

PPP 合同的性质认识也应该从历史的视角展开。一个行为是民事行为，还是行政行为，在不同的历史阶段有不同的认识，不同的立场也会有不同的认识。之所以这样，是因为随着国家治理能力的提升，许多需要行政调节的事项会进入社会并实现自治，从而使得行政行为转变为民事行为。这在某种意义上，也是国家治理能力是否自信的重要表现。

三是《行政协议解释》的出台对 PPP 合同的订立、决策产生了重要影响。合同的性质决定了合同订立的原则和路径，行政协议本质是行政行为，决定了 PPP 合同中政府的主体地位，扼杀了社会资本方的主观能动性，也淡化了 PPP 合同的意思自治能力，对实现 PPP 的最初目的可能会产生一定的消极影响。

四是《行政协议解释》的出台对 PPP 管理产生了重大影响。PPP 合同定性为行政协议，必然需要建立和适用行政管理及行政监督措施，从而加重了 PPP 行政管理义务，淡化了社会和司法监督之功能。

五是《行政协议解释》的出台对 PPP 的预期产生了深远影响。政府和社会资本方合作的重要驱动力是政府通过平等的协商合作提供公共服务。因为平等的合同地位更有利于私权的保护，也更有利于私权下的主观能动性的充分发挥。PPP 合同定位为行政协议，必然使社会资本方投资 PPP 的积极性受到一定的影响。

综上所述，笔者建议，最高人民法院应适时审视司法解释的不完备之处，比如要对行政法意义上的 PPP 合同等概念作出进一步的解释，避免造成司法上的困惑和混乱。同时，还要从 PPP 发展的高度审视其定性，即定性为什么合同更有利于 PPP 事业的发展。另外，有关立法机关应该抓紧推进立法，对 PPP 争议程序直接作出规定，以尽快使 PPP 性质和争议有更高层面的法律依据。

（本文创作于 2020 年 1 月 10 日。）